Syd Atlas

DAS JAHR OHNE WORTE

Syd Atlas

DAS JAHR OHNE WORTE

Eine wahre Liebesgeschichte

Aus dem Englischen
von Martin Ruben Becker

Wunderlich

Deutsche Erstausgabe
Veröffentlicht im Rowohlt Verlag, Hamburg, Oktober 2020

Redaktion Annekatrin Heuer
Strophe aus «Für mich soll's rote Rosen regnen», S. 206:
Hildegard Knef, Europaton Musik Edition/Peter Schaeffers
Satz aus der Calluna, InDesign,
bei CPI books GmbH, Leck
Druck und Bindung GGP Media GmbH, Pößneck, Germany
ISBN 978-3-8052-0071-4

Die Rowohlt Verlage haben sich zu einer nachhaltigen Buchproduktion verpflichtet. Gemeinsam mit unseren Partnern und Lieferanten setzen wir uns für eine klimaneutrale Buchproduktion ein, die den Erwerb von Klimazertifikaten zur Kompensation des CO_2-Ausstoßes einschließt.
www.klimaneutralerverlag.de

FSC
www.fsc.org
MIX
Papier aus verantwortungsvollen Quellen
FSC® C014496

Für Henry und Sam

VORSAISON

Wenn man im Handy seines Partners herumschnüffelt, wird man aller Wahrscheinlichkeit nach auch etwas finden. Oder wie Dan Savage, der Autor von Savage Love, einer weitverbreiteten Beziehungs- und Sex-Kolumne, schreibt: «Schnüffeln ist natürlich immer falsch, es sei denn, der Schnüffler entdeckt etwas, was er wissen darf.»

Entdecken

Er bat mich in sein Zimmer, um zu reden, nicht um *auch* zu reden, sondern um *zu reden*. Präpositionen vor Verben bedeuten immer: Es wird ernst. Wir halten beide unsere iPhones in der Hand. So sprechen wir miteinander, seit er vor achtzehn Monaten seine Sprache verloren hat. Er weiß noch nicht, was ich weiß, was ich entdeckt habe, aber er weiß, dass etwas nicht stimmt.

Als Erstes hat ALS, die Amyothrophe Lateral-Sklerose, ihm seine Stimme genommen. Er klang zunächst, als wäre er beim Zahnarzt gewesen, dann betrunken, schließlich grunzte er nur noch, und die Kinder und ich waren die Einzigen, die ihn noch verstehen konnten. Nach seinem Luftröhrenschnitt drang gar kein Laut mehr aus seinem Mund. Ein Jahr nachdem er die Diagnose erhalten hatte, konnte er kein Wort mehr über die Lippen bringen. Die Krankheit befiel seinen Körper nicht mit dem üblichen Kribbeln und den Zuckungen in den Gliedmaßen. Sie attackierte als Erstes seine Zunge, seine Fähigkeit zu sprechen, seine Fähigkeit, selbständig zu atmen. Was er sagte und wie er es sagte, war so sehr ein Teil von Theo wie ein Plié bei einer Ballerina.

Er wollte leben und sein gewohntes Leben so lange wie möglich weiterführen. Für mich hingegen sollte er ein Held sein und uns alle retten, und genau da fingen die Probleme an.

Wie ich es vermisse, seine Stimme zu hören, tief, mit einem

Unterton wie Steve McQueen in Lederjacke. Wie ich die Gespräche mit ihm vermisse, normale Unterhaltungen. Es fehlt mir, wie es zwischen uns war. Aber man gewöhnt sich an alles. Die Stimme, die mich bittet, hereinzukommen und Platz zu nehmen, ist die Stimme einer Britin, die er sich auf sein Handy heruntergeladen hat. Die Kinder und ich haben ihn nie gefragt, warum er die Stimme einer Frau wollte, genauso wie keiner fragt, weshalb Siri weiblich ist.

Sein Bett ist hochgekurbelt und geneigt, das Kopfteil hochgestellt, die Matratze unter seinen Knien kräuselt sich – ein seltsamer König in einer seltsamen Welt. Wenn ich stehe, blicke ich auf ihn hinunter, wenn ich sitze, muss ich den Kopf heben. Ich sitze.

Wir lächeln.

Er schreibt mir langsam. Ich warte.

«Du wirkst angespannt», erscheint auf meinem Handy. Wir sind nur Zentimeter voneinander entfernt. Es ist, als würden wir in Zeitlupe Fangen spielen.

Was ich an jenem Tag entdeckte, war, als würde man im Garten einen wunderschönen Stein aufheben und feststellen, dass sich darunter Würmer ringeln.

Wenn man nach Beispielen sucht, wie das Wort «entdecken» verwendet wird, findet man eine Menge:

Wir sind entdeckt worden.

Ich habe die Wahrheit entdeckt.

1492 hat Kolumbus Amerika entdeckt.

Tom und Mary haben etwas Erstaunliches entdeckt.

Tom hat zwei Leichen in seinem Keller entdeckt. (Oh nein.)

Tom war traurig, als er entdeckte, dass Mary nur auf sein Geld aus war, und Mary war traurig, als sie entdeckte, dass Tom arm war. (Oje.)

Die Regierung hat unser Geheimnis entdeckt.

Ich könnte so etwas den ganzen Tag machen, und das tue ich auch, wenn ich eigentlich erwachsene Angelegenheiten wie meine Steuererklärung erledigen muss.

Was ich Ihnen jetzt erzähle, ist eine Liebesgeschichte wie keine andere. Ich dachte, ich hätte alles im Leben: Nach neun Jahren war ich noch immer in meinen Ehemann verliebt, wir hatten regelmäßigen Sex, nicht die Einmal-die-Woche-Routine, sondern leidenschaftlichen, zwei Kinder, Arbeit, die uns beiden gefiel. Dann wurde er krank und lag auf einmal im Sterben. Gerade als ich glaubte, mir würde der Boden unter den Füßen weggezogen, entdeckte ich, dass sich darunter ein tieferes und noch viel dunkleres Loch verbarg.

Ich wollte herausfinden, was passiert, wenn ich in dieses Loch hinabstieg. Wie tief kann ich in der Erde bohren, um herauszufinden, was mit uns geschehen ist?

Dafür brauchte ich Zeit. Wenn die Liebe normalerweise vier Jahreszeiten hat, benötigte ich für diese Geschichte eine fünfte, sozusagen eine Extra-Runde.

Da dies eine Liebesgeschichte ist, sollten wir mit dem Anfang beginnen, als es noch Liebe gab, echte Liebe. Da bin ich mir ganz sicher.

FRÜHLING

TO FALL IN LOVE Wenn du dich verliebst, lässt du dich fallen. Du erhebst dich nicht zur Liebe oder steigst hinauf, du fällst. Und vergisst. Deshalb ist es jedes Mal überraschend, dass Liebe schmerzt. Aber dieses Gefühl zu fallen ist gleichzeitig so verdammt großartig. Wenn mein zukünftiges Selbst mir einen Rat hätte geben können, hätte es zu mir gesagt, ja, mach es, do it again, und wäre mein zukünftiges Selbst eine Französin gewesen, hätte es gemeint, non, je ne regrette rien.

1. KAPITEL

Why not?

Ich lerne ihn an einem Apriltag kennen. Es ist endlich Frühling, und man kann es in der Luft riechen. Aus der wunderbaren französischen Bäckerei lockt mich der Duft von frischen Croissants. Ein junger Mann mit Tattoos und Piercings spaziert mit einem Pudel und Zigarette rauchend an mir vorbei.

Gerade habe ich eine zweiwöchige Heilfastenkur hinter mir. Ich möchte einen Rundum-Neubeginn. Drei Jahre lang habe ich versucht, die Beziehung zu meinem ersten Ehemann wieder hinzubiegen. Er war der perfekte Schwiegersohn gewesen, und wir wurden viel zu schnell beste Freunde, was großartig ist, wenn du zusammen ins Zeltlager fährst. Ich aber war auf der Suche nach einer sexuell aufgeladenen Beziehung, und das war unsere überhaupt nicht. Es war nicht sein Fehler. Er ist ein sehr netter Mensch, und wir sind bis heute Freunde.

Aber leider langweilte ich mich mit ihm. Ständig stimmte er all meinen Ideen und Einfällen zu. Wenn wir uns stritten, gab er klein bei, bevor wir auch nur die Chance hatten, uns in die Haare zu kriegen.

In einer Beziehungs-Kolumne habe ich einmal gelesen, dass oft gerade die Eigenschaften des Partners, die man zunächst anziehend fand, später dazu führen, dass man ihn verlässt. Von einem: «Oh, er ist wunderbar und so verspielt» zu: «Er ist unreif und hält nicht einen einzigen Scheißjob durch.» Eine Zeitlang war ich mit einem Musiker zusammen, der jedes Mal Geräusche machte, wenn er etwas beschreiben wollte. Anfangs dachte ich: «Wie kreativ!» Später dachte ich: Wenn er noch ein einziges Mal mit der Zunge schnalzt und mit den Fingern trommelt, bringe ich ihn um.

Ich hatte das Gefühl, dass sich mein Mann an mich klammerte, um sich selbst zu finden. (Außerdem hatten wir keinen Sex mehr.) (Aber daran war ich schuld.) Ich kann nicht mit jemandem schlafen, der mich als Mensch nicht anmacht.

Ich ersticke dann und bin uninspiriert. Dass wir ein Kind bekamen, Henry, inzwischen drei Jahre alt, schien alles nur noch zu verschlimmern. Dabei hatte ich geglaubt, ein Kind würde uns zusammenschweißen. Lag es an ihm? An mir? An uns beiden? Meine Freundinnen schauten bewundernd zu, wenn er die Küche putzte und den Müll raustrug. Das gefiel mir schon (wem nicht?), aber die Art, wie er mit Henry umging, wirkte nicht echt. Es kam mir so vor, als hätte er Filme über Väter und Söhne gesehen und würde die Szenen imitieren: Jetzt werfe ich ihn hoch, jetzt wuschele ich ihm das Haar. Aber der Beziehungskolumnist schrieb auch, dass alles, was einem am Partner nicht gefällt, eine Projektion dessen ist, was einem an einem selbst nicht gefällt. Es lag wohl definitiv an mir.

Oder vielleicht hatte ich auch nur das Gefühl, mein Leben würde stillstehen. In all dem, was ich beruflich tat – Performance-Künstlerin, Comedy-Autorin, Dokumentarfilmerin, Übersetzerin, Englischlehrerin oder Coach –, hatte es stets kurze, beinahe erfolgreiche Phasen gegeben. Aber am Ende entpuppte sich alles immer nur als ein Job und führte nirgendwohin. Ich hatte mir mein Leben aufregender vorgestellt.

Es kam die Nacht, als ich merkte, dass es vorbei war. Er wollte mit mir schlafen. Ich wollte nicht. Ich war zu müde. Ich war immer müde, wenn ich mit ihm zusammen war. Also von mir aus, sagte er, kannst du ruhig einschlafen. Es war witzig gemeint, aber ich nahm es ernst. Ich weiß noch, wie ich da lag. Ich blickte ins Dunkel. Ich spürte sein Gewicht auf mir, und ich fühlte nichts. Ich schlief sogar ein.

Eine Freundin von mir war den Sommer über verreist und bot mir ihre Wohnung an, für eine Denkpause. Ich sagte sofort zu und erzählte meinem Mann: «Das ist gut für uns. Wir können ausprobieren, wie es ist, getrennt zu sein. So finden wir heraus, ob wir einander vermissen.»

«Du verlässt mich, oder?»

Wahrscheinlich das Mutigste, was er je zu mir gesagt hat.

Also, dies sind nun die Tage, nachdem ich offiziell meine Beziehung zu Henrys Vater beendet habe, und ich bin glücklich, als ich ein Café namens SowohlAlsAuch betrete.

Weil es keine freien Plätze mehr gibt, setze ich mich an einen Tisch zwischen zwei Männer, die Zeitung lesen. Sobald ich mich hingesetzt habe, blickt mich einer der beiden über seine Brille hinweg an. Er wirkt wie ein Intellektueller, einer, der sich in Künstlerkreisen bewegt, wie jemand, den man heutzutage einen coolen Nerd nennen würde. Seine dicken Augenbrauen sind ständig in Bewegung. Unsere Blicke treffen sich, und ich will ihn fragen, ob ich einen Teil seiner Zeitung lesen darf. Ich benutze ein falsches deutsches Wort und sage: «Kannst du mir bitte ein Stück Zeitung rausreißen?»

Das tut er.

Wir unterhalten uns. Er erzählt mir, dass er Theo heißt und Filmregisseur ist. Die Intensität, mit der er mich mustert und dabei langsam blinzelt, macht mich verlegen, gleichzeitig fühle ich mich, als wäre ich etwas Besonderes. Ich muss erwähnt haben, dass ich ein Kind habe, denn Theo fragt beiläufig:

«Und was ist mit deinem Mann?»

Genauso beiläufig antworte ich: «Wir haben uns vor kurzem getrennt.»

Jetzt flirten wir offiziell.

Ohne zu zögern erklärt er mir, dass er auch gerade eine schlimme Beziehung hinter sich hat.

«Sie war verrückt.» Lachend fährt er fort: «An einem Tag wollte sie mit mir nach Hollywood ziehen, und am nächsten Tag trennt sie sich von mir. Frauen.»

Wir lächeln beide.

«Sie hat vier Kinder von drei verschiedenen Männern. Es war die beste aller Zeiten, es war die schlechteste aller Zeiten», sagt er.

Bevor ein unangenehmes Schweigen entsteht, weil wir zu schnell zu viel von uns preisgegeben haben, kommt der Kellner mit unserem Kaffee.

Wir tauschen unsere Telefonnummern aus. Als wir das SowohlAlsAuch verlassen, gibt es einen chaotisch verstolperten Abschied. Ich verpasse ihm beinahe einen Kinnhaken, als ich seine Hand schütteln will, weil er sich im selben Moment vorbeugt, um mich zu umarmen.

Als ich am Nachmittag nach Hause radle, summt es in meiner Tasche. Theo hat mir eine SMS geschrieben. «Sehen wir uns morgen? Gleiche Zeit, gleicher Ort?»

«Why not?», antworte ich.

*

Wir treffen uns am nächsten Tag. Meinen Vorsatz, es nach der Heilfastenkur mit dem Essen langsam angehen zu lassen, schicke ich zum Teufel: Wir bestellen Käsekuchen und klebrige Zimtschnecken, mein Mund ist ein einziges Geschmacks-Kaleidoskop. Während sich Theo ein brüllend komisches Gespräch zwischen einem Österreicher, einem Schweizer und einem Bayer ausdenkt, damit ich die Unterschiede heraushören kann, stellt der Kellner die nächste Runde Kaffee auf den Tisch. Als ich ihn nach seinem Lieblingsfilm frage, verfällt Theo in den De-Niro-Monolog aus *Taxi Driver*: «10. Mai. Endlich hat es geregnet …»

«Ich habe am 10. Mai Geburtstag», unterbreche ich ihn.

«Nicht im Ernst?», sagt er.

Wir sehen uns an und begreifen, dass wir Erwählte sind, dass wir das Glück haben, die Art von Liebe zu erleben, die man sonst nur aus Büchern oder Filmen kennt. Feuerwerkskörper explodieren, und Kate Perry singt nur für uns, De Niro fragt, worauf warten wir? Das Universum ist auf unserer Seite.

Und ehe wir es bemerkt haben, ist es schon Abend.

«Lass uns weiterziehen, ja?», schlägt Theo mit hochgezogenen Augenbrauen vor.

Ich sage, klar, obwohl mir der Gedanke an meinen Ex, der meinen Sohn ins Bett bringt, durch den Kopf schießt.

Wir wollen in die Weinerei, einer coolen Bar, wo man so viel trinkt, wie man möchte, und am Ende die Summe, die einem angemessen erscheint, in einen Keramikkrug wirft (das hier ist Berlin, und da klappt so was).

Es ist zu weit, um zu der Bar zu laufen, und so sagt Theo: «Wir nehmen meine Vespa.»

Er ist ein Mann, er hat Humor, er ist gutaussehend, und er hat eine verdammte Vespa – in *La Dolce Vita* fahren sie doch auch immer Vespa, oder? Das ist jetzt mein *Dolce Vita*, genauso fühlt es sich an. Theo hat einen zweiten Vintage-Helm für mich mit einem Stern darauf, natürlich hat er den. Er mustert mich, streicht mein Haar zur Seite, während er den Riemen schließt, und schenkt mir ein anerkennendes Lächeln: «Wunderschön», sagt er, und jeder Gedanke an meinen Ex ist verflogen wie Feenstaub.

Es ist schon lange her, seit ich so etwas gemacht habe. Habe ich überhaupt schon mal so etwas gemacht? Theo lässt den Motor an, ich springe auf und lege von hinten die Arme um ihn, schmiege mich an seinen kräftigen Schwimmerrücken, während wir uns mutig durch den Berliner Verkehr schlängeln. Ich fühle mich lebendig wie nie. Ich bin genau da, wo ich sein muss.

Die Bar ist gerammelt voll, aber wir finden eine Nische. Ich sitze auf einem alten Sessel, Theo kommt mit zwei verschiedenen Rotweingläsern und nimmt auf einer umgedrehten Weinkiste Platz. Wir prosten uns zu.

«Auf uns», sagt er. Gibt es schon ein Uns? Unsere Gläser klirren.

Ich weiß nicht mehr, worüber wir geredet haben, ich weiß nur noch, dass ich mich gefragt habe, ob wir uns wohl küssen werden. Werden wir uns drinnen oder draußen küssen? Wie wird es sich anfühlen, einen anderen Mann zu küssen, nachdem ich zehn Jahre lang nur meinen Exmann geküsst habe?

Als sich der Abend dem Ende zuneigt und wir die Weinerei verlassen, greift Theo in seine Jeanstasche und füttert den Krug. Dabei zaubert er ein Durcheinander von Pesos, britischen Pfund, Mentos, Taxiquittungen und eine zerknüllte Snickersverpackung hervor wie ein Close-up-Magier.

Und als wäre es das Normalste von der Welt, wenden wir uns vor dem Eingang der Bar einander zu. Es hat angefangen, leicht zu nieseln. Wir küssen uns. Zuerst sind es vorsichtige Erkundungsküsse, zwei Zungen, die sich im Dunkel unserer Münder treffen. Ich kann den Rotwein in seinem Atem schmecken, oder schmecke ich den Rotwein in meinem Atem? Die Grenzen zwischen uns scheinen zu verschwimmen, und ich kann nicht sagen, ob wir uns fünf Minuten oder fünf Stunden lang küssen.

Inzwischen regnet es heftiger. Theo nimmt mein Gesicht in seine Hände und verteilt darauf Küsse, jeder Kuss ein Gruß – hallo Augen, wir werden gute Freunde sein, hallo Nase, hallo Wangen. Seine Zunge kitzelt meine Ohren und sorgt für Empfindungen, wie ich sie noch nie gefühlt habe. Lieber Gott, ich stehe auf der Straße im Regen und küsse diesen wunderbaren Mann. Ich will diesen Augenblick nie vergessen. Niemals.

Aus diesem Augenblick werden viele Augenblicke – das erste Mal, als Theo meinen Sohn Henry sieht: Er besucht mich abends, wenn Henry schläft, weil ich möchte, dass sie sich erst kennenlernen, wenn ich mir sicher bin. Auf dem Weg zur Toilette erwische ich Theo, wie er in der Tür zu Henrys Zimmer lehnt und ihn beim Schlafen beobachtet, Henry mit offenem Mund, seine Brust hebt und senkt sich. Theo schließt mich von hinten in die Arme, und wir stehen schweigend im Dunkeln und lauschen den Träumen eines Dreijährigen.

Ab da beginne ich Henry vorsichtig von meinem neuen Freund Theo zu erzählen. Henry sitzt auf meinem Schoß und sieht mich an. Er hat viele Fragen:

«Ist er stark?»

«Ja.»

«Spricht er Englisch?»

«Ja.»

«Was ist sein Lieblingseis?»

«Pistazie.»

«Und er fährt eine Vespa», erzähle ich ihm aufgeregt, während ich mit den Fingern durch sein langes, dickes, blondes Haar streiche; sein Hinterkopf ist verschwitzt.

Henry fängt haltlos an zu kichern, weil er glaubt, dass ich das deutsche Wort Wespe meine.

«Es ist wie ein kleines Motorrad.»

«Cool. Ich möchte auch mal mitfahren.»

«Vielleicht», sage ich.

Henry sucht sich seine Anziehsachen selbst aus. Oft gehört auch eine Kopfbedeckung dazu. An diesem Tag ist es ein Drei-Musketiere-Hut. An dessen Krempe steckt eine Feder, die mich an der Nase kitzelt. Dazu trägt Henry Shorts und knallrote Strümpfe, die er sich bis übers Knie hochgezogen hat. Auf einmal legt er seine Hand auf meinen Brustkorb, an die Stelle, wo er mein Herz fühlen kann. Er nennt das «die Berührung». Es ist wie ein Ladegerät.

An dem Tag, an dem sie sich kennenlernen, spielt die Deutsche Fußball-Nationalmannschaft ein wichtiges Europameisterschaftsspiel. Wir wollen es uns draußen in einem Café ansehen. Ich hebe Henry aus seinem Fahrradsitz und drehe mich um, als Theo auf uns zukommt.

«Das ist Theo», sage ich, zeige auf ihn, und Henry flitzt los. Theo hebt ihn hoch, so mühelos, wie ich es nie könnte, und mein Herz schmilzt. Sie umarmen sich wie alte Freunde, und Deutschland gewinnt sogar das Spiel.

Das erste Mal kocht Theo an einem Samstag für mich. Henry ist an diesem Tag bei seinem Vater. Das geteilte Sorgerecht verschafft mir eine Menge freier Wochenenden. Theo trägt eine Schürze, als er die Tür öffnet: Quiche, Weißwein, Salat stehen auf dem Tisch, während er zu Maria Callas im Hintergrund singt.

«Warte, bis du deiner Mutter erzählst, dass dein Freund Opern hört.»

Meine Eltern mochten meinen ersten Mann und reagierten wie meine Freunde perplex und verständnislos auf meine Entscheidung, mich von ihm zu trennen. Aber meine Mutter ist weniger verstört darüber, dass ich meinen Mann verlassen habe, als vielmehr darüber, dass ich nur allein bin. Vielleicht ist es eine Generationssache, aber absichtlich Single sein zu wollen, ist, direkt nach Welpen quälen, eines der schlimmsten Dinge, die man im Leben tun kann, ginge es nach meiner Mutter.

Doch sobald ich ihr erzähle, dass ich in einem Café einen kreativen Typen kennengelernt habe, überschlägt sich ihre Stimme regelrecht: «Ich will alles wissen!»

Und das will sie wirklich.

«Ich frag dich mal was», beginnt sie.

«Frag einfach, Mom.»

«Was macht er nun eigentlich? Ich hab's noch nicht verstanden.»

«Er hat seine eigene Filmproduktion. Er ist Regisseur und Produzent.»

«Das hört sich ja großartig an. Du bist selbst sehr kreativ, du brauchst jemanden, der anspruchsvoll ist wie du. Ich frag dich noch was ...»

«Mom, frag einfach, du musst nicht jedes Mal fragen, ob du fragen darfst.»

«Was?»

«Was willst du wissen?»

«Hat er Kinder?»

«Nein, hat er nicht.»

«Das ist schon in Ordnung, Daddy und ich haben auch erst spät geheiratet... Weißt du, ich habe fünfzehn Jahre in der Werbung gearbeitet, und ich weiß absolut, was du meinst. Kreative Typen sind attraktiv.»

Nach der ersten Begegnung mit seinen Freunden erzählt Theo mir, dass alle begeistert waren: Marc, der DJ, und seine Freundin, die sich ein Kind wünschen; auch das Künstlerpaar aus Argentinien – sie ist froh, dass Theo nicht mehr mit seiner verrückten Ex zusammen ist, und bewundert meine grünen Sandalen –, und Fabian, der aus einer guten Familie mit altem Geld stammt und uns seinen Wagen für unseren ersten Wochenendausflug leiht.

Eines Tages dann unsere erste Reise zu zweit nach Mallorca. Das erste Mal mit ihm zusammen in ein Flugzeug steigen und an einem neuen Ort als Paar ankommen. Es ist Nachsaison, die Insel ist leer, und Gäste wie Einheimische sind entspannt. Wir spazieren zu einer Bar voller Fischer und Zimmermädchen aus den umliegenden Hotels.

«Dos gin tonic, por favor», bestellt Theo.

Der Barkeeper gießt Gin ein, während er mit den Gästen redet, und dann werden zwei große Gläser Gin mit Eis auf den Tresen gestellt und daneben eine Flasche Tonic. Aha, so wird das also hier gemacht. Wir trinken, und Theo unterhält sich mit den Mallorquinern, zu meiner Überraschung in perfektem Spanisch. Er übersetzt für mich, und nach dem zweiten Gin Tonic lädt uns einer der Männer ein, im Hotel seines Cousins zu wohnen. Als wir die Bar verlassen, umarmen wir alle und glauben, dass wir sie nächstes Jahr wiedersehen.

Zurück in Berlin. Das erste Mal, dass wir von einer Reise zurückkehren und einander im Arm halten und uns nicht verabschieden wollen. Die ersten Automatenfotos, die wir zusammen aufnehmen, eine Schwarzweiß-Serie im Fotoautomaten am Alexanderplatz. Ich sitze auf seinem Schoß auf dem kleinen, runden Hocker und blicke in die Kamera und dann – Blitz-Blitz-Blitz-Blitz. Wir küssen uns, seine Hände erkunden fiebrig meinen Körper, ich wende mich ihm zu, noch mehr Küsse.

Syd aus Brooklyn ist weit gekommen. I am falling in love. Sich zu verlieben ist, als würde man Zirkusartisten dabei zusehen, wie sie durch die Luft wirbeln, sich drehen und rollen, immer mit dem Risiko, in den Tod zu stürzen, aber mühelos die

Schwerkraft überwinden wie eine Zeitfalte. Genau so habe ich mich gefühlt.

Hätte ich wissen müssen, dass Küsse im Regen nicht romantisch sind, sondern kalt und nass?

Wie hätte ich das wissen sollen?

2. KAPITEL

Zwei rosa Streifen

Es kommt der Tag, an dem man anfängt, vor den Augen seines Freundes zu pinkeln und sich gegenseitig die Pickel auszudrücken. Und wenn man diese Grenze der Intimität einmal überschritten hat, ist es schwer, wieder dahinter zurückzukehren.

Dieser Tag ist für Theo und mich noch nicht gekommen. Ich schlafe ohne meine Wollsocken, ohne alles und lege am Morgen als Erstes Lipgloss auf. Wir wohnen nach wie vor in getrennten Wohnungen, obwohl wir beinahe jeden Abend zusammen verbringen. Ich möchte die Dinge langsam angehen lassen und sicherstellen, dass Henry nicht von zu vielen Veränderungen auf einmal überfordert wird. Das scheint er nicht zu sein. Doch ich weiß genau, dass eine Beziehung niemals funktionieren wird, wenn Kinder mit dem neuen Partner ihrer Eltern unglücklich sind. Zu viele Bindungen, die man ausbalancieren muss. Unter der Woche ist Theo bei mir, aber ich versuche, zumindest einen Abend nur mit Henry zu verbringen. Und da mein Exmann für seine neue Arbeitsstelle in eine andere Stadt gezogen ist, zwei Stunden entfernt, habe ich an den Wochenenden frei, wenn Henry bei ihm ist.

Nachdem Henry und Theo sich das erste Mal getroffen hatten, habe ich meinem Exmann erklärt, dass ich jemanden kennengelernt habe. Ich wollte fair sein. Wir sind eine Familie, sagte ich ihm. Und dass ich ihn liebe wie einen Bruder oder einen Freund. Selbst wenn wir kein Paar mehr sind, sind wir immer noch Henrys Eltern. Ich wollte mich außerdem nicht schuldig fühlen, und so machte ich meinen Ex mit der Freundin einer Freundin bekannt. Und es funktionierte, immerhin gehen die beiden seit sechs Monaten miteinander aus. Auf dem strahlenden Antlitz meiner neuen Beziehung sind keine Makel.

Meine Sorge, dass Henry sich abgeschoben fühlen könnte, ist unbegründet. Das Gegenteil ist der Fall. Theo und mein Sohn verstehen sich großartig. Er spielt mit ihm auf eine Weise, wie ich es nie könnte. Sie kuscheln im Bett miteinander, Henry sitzt auf seinem Schoß und lässt sich Donald-Duck-Comics vorlesen, wobei Theo seine Stimme verstellt. Und Theo kann auch Dialoge mit den Plastik-Dinos improvisieren, als wäre er mit einem Tyrannosaurus Rex aufgewachsen.

Ganz am Anfang unserer Beziehung, etwa nach einem Monat, bekam ich erst spät meine Tage. Es machte mich ein wenig nervös, aber ich war noch nie so gut darin, meinen Zyklus im Blick zu behalten, es hätte also auch sein können, dass ich mich im Datum geirrt hatte. Das war lange, bevor es Menstruations-Apps gab. Bevor es überhaupt Apps gab. Als ich meine Periode ein paar Tage später bekam, war ich erleichtert.

Aber Theo meinte nur: «Ehrlich gesagt bin ich ein bisschen enttäuscht.»

Das überraschte mich. Wir hatten gerade erst eine Beziehung angefangen, und schon wollte er Kinder. Normalerweise bin ich es, die sich wünscht, dass die Beziehung verbindlicher werden soll. Wow, dieser Mann wollte Verantwortung übernehmen.

«Eines Tages werden wir ein Kind zusammen haben, aber noch nicht jetzt», sagte ich, erstaunt über meine eigene Kühnheit.

Seine Exfreundinnen konnten oder wollten aus dem einen oder anderen Grund nicht schwanger werden, zu alt, oder sie arbeiteten für Greenpeace – es gibt schon genug Kinder auf der Welt. Eine von ihnen, die ich sehr mochte, hatte gesundheitliche Probleme. Tatsächlich hatte ich fast alle seine Exfreundinnen kennengelernt, außer der letzten verrückten, Mimi Lu. Die schien einfach nur ein Drama auf zwei Beinen zu sein.

Also hörte ich auf, die Pille zu nehmen. Einerseits dachte ich, das ist zu schnell, aber der Gynäkologe versicherte mir, dass mein Körper ungefähr ein Jahr brauchen würde, um sich von der Einnahme der Pille zu erholen, und das klang schon vernünftiger.

Das erste Mal, als ich Theos Wohnung betrat, fiel mein Blick auf das Foto eines einäugigen Filmregisseurs mit einer Augenklappe über dem linken Auge, der mich anstarrte. Es war ein Schwarzweiß-Poster von John Ford. Als ich mich in der Wohnung umsah, stellte ich fest, dass Theos Bücherregal mit nur einer Schraube notdürftig an der Wand befestigt war, dass sich Hardcover, Taschenbücher und leere CD-Hüllen über den Boden verteilten. Aus Kaffeedosen quollen Unmengen von veralteten Münzen: Lire, Pesos, Deutsche Mark, Nickel und zerknüllte Dollarscheine.

Ich sagte zu ihm: «Ich weiß ja nicht, was aus uns werden wird, aber eins kann ich dir jetzt schon versichern, wir werden nie zusammenwohnen.»

Ich war nicht die Erste, die ihm das sagte. Mimi Lu war derselben Meinung gewesen, wie er mir lachend erzählte.

Tatsächlich hatte sie Theos Mischung aus Hypochondrie und Unordnung so komisch gefunden, dass sie ihm einen knallorangefarbenen Bademantel geschenkt hatte, auf dem *Felix & Oscar* aus *Ein seltsames Paar* stand. Theo trug ihn voller Stolz. Ich fand das Ganze nicht so lustig, und die Farbe hat mir, um ehrlich zu sein, nie gefallen.

Einige Wochen nach unserem Kennenlernen überließ Theo mir die Schlüssel zu seiner Wohnung, sodass ich dort meine Wäsche waschen oder ein Bad nehmen konnte, weil es in meiner Wohnung weder Badewanne noch Waschmaschine gab. Ich ließ mich ins Badewasser sinken, doch statt Musik zu hören beobachtete ich, wie die Persil-Megaperls, die oben auf der Waschmaschine achtlos verstreut lagen, während des letzten Schleudergangs die gesamte Oberseite der Maschine bedeckten. Die Maschine ruckelte laut, und Hunderte von Kügelchen voller Ultrafrische stoben in alle Richtungen auseinander, als wären sie voller Jetzt-stürze-ich-mich-in-den-Tod-Energie. Und gerade, als sie drohten, von der Klippe der Waschmaschine auf den Badezimmerfußboden zu fallen, ruckelte die Maschine ein letztes Mal, wurde langsamer und noch langsamer, bis sie schließlich zum Stillstand kam. Die Megaperls kullerten zurück auf ihren kuscheligen Platz in der Mitte. Genau so lebte Theo auch sein Leben, immer am Rand, aber nie wirklich abstürzend.

Das heißt, bis er krank wurde. Ich glaube, da begann sein Unglück. Er ist immer tiefer gerutscht. Aber das war nur der Anfang, es sollte alles noch viel schlimmer kommen.

Ich beschloss auf der Stelle, seine Wohnung zu putzen – hier zu wischen, dort aufzuräumen, frische Blumen in eine leere, grüne Weinflasche auf seinen Küchentisch zu dekorieren. Ich brachte sogar die sechzig leeren Bier- und Wasser-Pfandflaschen, die in der Küchenecke herumstanden, zum Supermarkt. Mit den zwölf Euro, die ich dafür erhielt, kaufte ich eine Flasche Rotwein. Himmel, was war ich gut. Ich konnte es kaum erwarten, dass Theo nach Hause kam und darüber staunte, was ich in nur ein paar Stunden zustande gebracht hatte. Ich hoffte, er würde mich dafür noch mehr lieben.

Aber das tat er nicht. Er sah sich um und war richtig sauer. Es war unser erster Streit. Keiner schrie, aber es war der erste Streit.

«Ich möchte, dass du mich liebst, aber nicht, dass du mich änderst», sagte er zu mir.

«Aber das ist meine Art zu lieben», entgegnete ich. «Ich will dich nicht ändern, ich wollte nur etwas Nettes für dich tun.»

«Das bin ich», meinte er und zeigte auf seinen Mantel, der an der Türklinke hing. «Ich möchte nicht, dass du meine Mutter bist. Oder meine Putzfrau. Ich möchte, dass du meine Geliebte und Freundin bist.»

Ich lachte, aber es war ein falsches Lachen. Ich kam mir blöd vor. Ich hatte das Gefühl, eine Grenze überschritten zu haben. Dabei dachte ich, dass es in der Liebe genau darum geht, Grenzen zu überschreiten, und jetzt werde ich wieder zurückgejagt hinter meine Demarkationslinie.

Zwei Wochen später betrat ich seine Wohnung erneut, und sie war blitzsauber. Theo hatte sich eine polnische Putzfrau gesucht, die jede Woche für drei Stunden vorbeischaute. Er hatte die Botschaft verstanden, und ich liebte ihn jetzt sogar noch mehr. Dennoch musste ich grinsen, wenn ich Magda murmeln hörte: «Tsunami, Tsunami», während sie seine Kaffeebecher und die Zeitungen aufsammelte, die über seine ganze Wohnung verstreut waren.

Wenn ich an die «fünf Sprachen der Liebe» denke, wie sie der Paartherapeut Gary Chapman formuliert hat, die fünf Arten, seiner Liebe Ausdruck zu verleihen, nämlich Anerkennung, Hilfsbereitschaft, Geschenke, Zweisamkeit und Zärtlichkeit, fällt es mir sehr schwer, mich zwischen Worten und Taten zu entscheiden. Meine erste Wahl wäre jedoch, mich für einen geliebten Menschen einzusetzen. Nach dem Putzfiasko (was ja eigentlich auch ein Erfolg war) wollte ich Theo etwas Gutes tun, weil sein erster Marathon bevorstand. Als ich ihn kennenlernte, ist er mindestens dreimal die Woche gelaufen. Diese Leidenschaft teilten wir. Ich bin auch immer viel gelaufen und hatte Bilder von uns im Kopf, wie wir zusammen am Strand joggen. Eines Tages werden wir zusammen einen Marathon laufen, dachte ich, wir werden einander ermuntern weiterzumachen und über unsere Grenzen zu gehen.

Theo wollte mit seinem älteren Bruder Frank, der jeden Monat mehrmals Langstrecken lief, am Berlin-Marathon teilnehmen. Seit seiner Scheidung hatte Frank seine Leidenschaft aufs Laufen verlegt und reparierte außerdem regelmäßig irgendwelche Dinge im gemeinsamen Elternhaus. Theo hingegen hatte *Der Marathon-Mann* mit Dustin Hoffman gesehen und sofort beschlossen, mit dem Laufen anzufangen. Das war der Unterschied zwischen den beiden. Frank besaß alle möglichen teuren Laufschuhe und Hightech-Laufkleidung und maß regelmäßig seine Laufzeit. Er nahm das überaus ernst. Theo jedoch streifte ein altes T-Shirt über, zog sein einziges Paar blauer Shorts an und rannte los.

Als der große Tag kam, fertigte ich Kopien von zehn berühmten Filmstills aus *Der Marathon-Mann* an und trommelte acht Freunde zusammen, damit alle paar Kilometer jemand mit einer ausgedruckten Filmszene am Straßenrand stand. Ich hatte sogar einen Freund mit einem Still der berühmten «Sind sie außer Gefahr»-Zahnarzt-Szene bei Kilometer dreißig postiert. Diese Stelle kennt man in der Läufer-Szene als «die Wand», weil an diesem Punkt die Kräfte der Läufer einbrechen, das Atmen mühsam wird und sich negative Gedanken einstellen. Ich stand am Start und dann wieder am Zieleinlauf und hielt Szenenbilder von Abebe Bikila hoch, dem äthiopischen Marathonläufer, der berühmt dafür war, barfuß zu laufen, und mit dessen dokumentarischen Bildern der Film beginnt. Später starb er, erst einundvierzig Jahre alt, einen tragischen Tod. Seit einem Autounfall war er gelähmt gewesen.

Theo liebte mich durch Worte und Berührungen – die beiden Dinge, die er später verlor.

«Mein Mädchen aus Amerika, sie ist ganz wahr so wunderbar», hat er immer gesungen, was ich mir so übersetzte, dass sein Mädchen aus Amerika wirklich fuckin' aufregend ist und er sie liebt, liebt, liebt (mehr oder weniger).

Eines Tages beklagte ich mich: «Du schenkst mir nie etwas oder bringst mir Blumen mit oder so.»

«Ich bin doch hier», sagte er dann und wedelte mit beiden Händen.

Ich lachte. Er kriegte mich jedes Mal wieder rum.

Oder er sagte: «Und was ist mit den Eiern? Ich mache die besten Rühreier in ganz Berlin.»

Sie waren wirklich sehr gut.

«Aber die isst du doch auch selbst», meinte ich daraufhin, wir küssten uns, und das war das Ende dieses Lieds.

Und dann der eine Abend nach meiner Schicht in der Bar. Es war spät, ich fuhr mit dem Rad zu seiner Wohnung. Seit meiner Scheidung arbeitete ich wieder im Tempodrom, dem legendären Veranstaltungsort in einem Zirkuszelt, gegründet von einer Krankenschwester, die eine Million von ihrem Vater geerbt hatte. Eigentlich wollte ich zu dieser Zeit Dokumentarfilmerin werden, aber die Arbeit im Tempodrom war eine gute Möglichkeit, schnelles Geld bei flexibler Arbeitszeit zu verdienen. Das war mir wichtig, besonders in Hinblick auf Henry. Ich arbeitete am Grill oder hinter der Bar für bis zu zweitausend Gäste pro Abend. Meine Schichten bestanden aus Bob Dylan, Björk, The Cure, Nina Hagen, Würstchen, Hefeweizen und Limetten mit braunem Zucker für Caipirinhas.

Es war spät, als ich an diesem besagten Abend zu Hause eintraf, und schließlich tranken wir Gin Tonic in der Küche und redeten über seine letzte Freundin Mimi Lu, Halbkoreanerin und Halbfinnin, Maskenbildnerin und Kneipenbesitzerin. Theo erzählte mir, dass er, während er mit ihr zusammen war, die Diagnose Hashimoto erhalten hatte, eine Schilddrüsenkrankheit, die zu einer hyperaktiven Schilddrüse, Schlafstörungen und dem ständigen Wunsch nach Sex führt. Er erklärte, dass er und Mimi Lu bei dem Kurzfilm, den er gerade drehte, zusammenarbeiten würden.

Der zweite Gin Tonic hatte mir Schwung verliehen, und ich platzte heraus: «Ich verstehe nicht, warum du nicht mit jemand anderem zusammenarbeiten kannst.»

«Mach dir keine Gedanken, zwischen uns ist es aus.»

«Ich habe nicht gesagt, dass ich mir Sorgen mache. Ich finde es nur seltsam.»

«Ich will nicht zu ihr zurück, sie hat mich beinahe zerstört.»

«Ich will keine Mimi-Lu-Geschichten mehr darüber hören, wie sie dich fast zerstört hat.»

«Vielleicht hat sie mich fast zerstört», erwiderte er, «aber du hast mich gerettet.» Er folgte mit seinem Finger den Umrissen meines Mundes und zog mich hinunter auf den Küchenfußboden.

Und jetzt ist Rosch Haschana, ich stehe in meiner Mikroküche, schneide Äpfel und fülle Schüsseln mit Honig, um auf ein gutes, neues Jahr anzustoßen. Ich habe einige Freunde mit ihren Kindern eingeladen, hauptsächlich gemischte Paare – amerikanische Juden, die Deutsche geheiratet haben. Verdammt, ich schneide die Äpfel zu früh, sie werden braun werden, daran habe ich nicht gedacht. Theo liest Zeitung, und meine Periode ist bislang ausgeblieben. Ich mache mir keine Sorgen. Ich bezweifle, dass ich schwanger bin, das wäre noch zu früh. Ich habe erst vor einem Monat die Pille abgesetzt, nachdem ich plötzlich einen Ausschlag bekommen hatte. Mein Vater hat Psoriasis und als mir ein Dermatologe sagte, dass ich wahrscheinlich das Gleiche habe, bin ich zu einem Alternativmediziner gegangen. Er hat mich sechs Wochen lang mit Akupunktur behandelt, mir empfohlen, meine Amalgamfüllungen austauschen zu lassen und irgendwo hinzufahren, wo es Sonne und Meerluft gibt. Als ich die Reise nach Kroatien buchte, warf ich meine alte Haut ab. Ich war auf einmal ein neuer Mensch und strahlte.

In Kroatien aß ich zum ersten Mal nach zwanzig Jahren wieder Fleisch. Das war ungeplant, wir sind an einem Hamburger-Stand vorbeigelaufen, und der Duft nach gegrilltem Fleisch war so verlockend. Es heißt ja immer, wenn man nach einer langen Pause wieder anfängt Fleisch zu essen, ist es wichtig, Biofleisch zu wählen und nur kleine Mengen davon zu sich zu nehmen. Ich gab meine Bestellung auf und verdrückte gleich am Straßenrand einen ziemlich großen Hamburger, den mir ein Mann mit Schnauzbart und dicken Oberarmen gereicht hatte. Wer ist «man», fragte ich mich, während ich mir wie ein Höhlenmensch die Lippen leckte. Ich wollte noch mehr davon essen und fühlte mich stark genug, um Holz zu hacken.

In jener Woche hatten Theo und ich so viel Sex im Hotelzimmer, dass die Hausdame etwas zu uns auf Kroatisch sagte, was sich nicht nett anhörte, aber wer weiß, vielleicht war es das doch. Sie hat uns zusätzliche Laken hingelegt und drehte das

«Bitte nicht stören»-Schild nach außen, als sie das Zimmer verließ.

Am Morgen von Rosch Haschana fahre ich Henry mit dem Fahrrad zur Vorschule. Wir passieren die berühmte Konnopke-Currywurstbude an der U-Bahn-Station Eberswalde, die mit Ballons und deutscher Volksmusik ihr siebzigjähriges Bestehen feiert. Männer und Frauen haben sich dort schon versammelt – dabei ist es noch nicht einmal neun Uhr – und trinken Bier und essen Wurst. Henry fragt, ob sie das jüdische Neujahr feiern. Ich sage ja.

Bei mir ist nur ein Mal die Periode ausgeblieben, es ist sicher alles in Ordnung, aber ich kann schon die ganze Woche nicht gut schlafen, als würde ich in Kürze in Urlaub fahren oder hätte mir irgendetwas eingefangen. Schließlich ist es Theo, der mit dem Vorschlag aufwartet.

«Lass uns einen Schwangerschaftstest machen. Dann kannst du heute Nacht wieder schlafen.»

Sollte ich tatsächlich schwanger sein, wäre der Altersabstand dieses Kindes zu Henry fünf Jahre. Ist das zu viel? Aber es ist ja nicht so, als würde er geringer werden, wenn ich noch länger warte. Vielleicht ist es gut so, weil dann keine Geschwisterrivalität entsteht. Marc, Theos bester Freund, und dessen Freundin haben gerade eine Fehlgeburt erlebt, nachdem sie es schon eine ganze Weile versucht hatten. Deshalb hat sich wohl ein Teil von mir gewünscht, zumindest noch eine Weile nicht schwanger zu werden.

Ich schließe mein Fahrrad im Hinterhof an, Theo kommt herunter, und wir marschieren über die Straße in die Apotheke und direkt zum Tresen, wie ein Ehepaar, das entschlossen ist, jetzt sofort ein Auto zu kaufen. Wir sagen, wir hätten gerne einen Schwangerschaftstest, bitte. Ich gucke ein bisschen verlegen, obwohl ich das gar nicht bin. Theo wirkt, als hätte er alles unter Kontrolle. Und dann sind wir wieder in meiner Wohnung. Ich gehe ins Bad, pinkele auf ein Röhrchen und lege es auf ein Papiertuch auf der Ablage. Wir warten. Die drei Minuten verbringe ich angespannt damit, die Bedienungsanleitung auf der Verpackung noch einmal laut vorzulesen, und Theo trinkt Kaffee. Wir starren auf dieses Röhrchen und sehen zu, wie ein blasser rosa Streifen erscheint und dann ... noch einer. Ich bin schwanger.

Ich bin ein bisschen außer Fassung. Wie sollen wir das hinkriegen – kein Geld, keine berufliche Karriere vor Augen, keine gemeinsame Wohnung. Aber im Grunde spüre ich, dass es das Richtige ist. Ein Kind mit dem Mann zu bekommen, den man liebt, ist das ultimative Zeichen der Liebe, und dies ist keine männliche Rap-Phantasie. Nein, daran glaube ich ganz fest, denn tief im Herzen weiß ich jetzt, dass wir für immer verbunden sein werden. Theo hat Tränen in den Augen. Er sagt: «Meine Geliebte.» Das ist eine große Sache – er nennt mich normalerweise nicht seine Geliebte. Es ist so schnell gegangen. Dieses rote Fleisch in Kroatien muss voller Fruchtbarkeits-Magie gewesen sein. Henry wird begeistert sein. Er wünscht sich so sehr einen Bruder oder eine Schwester. Auf dem Spielplatz läuft er mit ausgestrecktem Arm auf Mütter mit kleinen Babys zu und fragt ernst: «Can I pet your baby?» Und Theo wollte schon immer ein Kind haben und malt sich unsere gemeinsame Zukunft aus.

«Ich werde vergessen, die Milch in den Kühlschrank zu stellen, und du wirst wütend sein. Aber dann werde ich dir sagen, dass du sexy aussiehst, wenn du wütend bist, und du wirst lächeln, und wir werden frische Milch kaufen. Henry wird es lieben, ein großer Bruder zu sein, und wir werden Familienurlaub machen und in einem großen Hotelzimmer übernachten und auf den

Betten hüpfen und zusammen *Die Simpsons* gucken. Aber keine Sorge, wir werden auch gute Filme anschauen, schwarzweiße mit Untertiteln, und uns ausdenken, was die Figuren eigentlich sagen wollen.»

Und da weiß ich, dass wir ein wunderschönes Leben haben werden.

«Wir werden nie Tanzstunden nehmen, aber wir werden abends allein tanzen, wenn die Kinder schlafen.»

Wir küssen uns. Es ist eine andere Art von Kuss, ein Kuss wie ein Passstempel, der einem den Zugang zu einer neuen Welt verschafft.

An jenem Abend trinke ich Traubensaft statt Wein.

In drei Monaten, wenn die Schwangerschaft sicher ist, werde ich es Henry sagen. Er wird es bestimmt aufregend finden, Bruder zu werden. Aber wird es ihm gefallen, wenn wir alle zusammenziehen? Ich bin erst seit etwas über einem Jahr von seinem Vater getrennt.

Dann ist der Tag da. Es ist ein großer Augenblick für Henry und mich. Als wir aus dem Kindergarten nach Hause kommen, sage ich zu ihm: «Ich habe Neuigkeiten für dich.»

«Gute oder schlechte?», fragt Henry.

«Gute, sehr gute. Du wirst ein Geschwisterchen bekommen, einen Bruder oder eine Schwester.»

Er braucht einen Moment, um zu begreifen, was ich ihm gerade erzählt habe, dann packt er mich ganz fest und legt seine Hand auf meine Brust, die *Berührung*.

«Mami, ich bin so glücklich», sagt er, als er alles verstanden hat.

Ich erkläre ihm, dass wir mit Theo zusammenziehen und uns eine große Wohnung in der Nähe seiner neuen Schule suchen werden, die er nächstes Jahr beginnt.

«Das bedeutet», antwortet er beinahe hyperventilierend, «ich werde zwei Papas und sechs Großeltern haben.»

Er hat sich sofort ausgerechnet, was dabei für ihn herausspringt. Typisch Henry.

Eines Abends gerate ich in Panik. Wie soll das alles funktionieren, frage ich Theo, mit meinem ersten Mann und seiner neuen Freundin und ihrem Kind? Und was, wenn Henry nicht mit uns zusammenleben will? Damit würde ich nicht zurechtkommen, und dann ein neues Baby, und ich hänge womöglich in einem Patchwork-Albtraum fest. Und Theo redet ruhig auf mich ein und holt mich wieder runter. Es ist sehr wahrscheinlich, sagt er, dass wir alle in einem großen Haus mit einem großen Garten zusammenwohnen und dass unsere Kinder zusammen spielen werden. Eine moderne Version von *Drei Mädchen & drei Jungen*.

Theos Familie möchte Henry und mich kennenlernen. Ich bin nicht mehr nur eine seiner Freundinnen, sondern trage den Erben in mir wie Princess Kate.

Theo hat mir bereits von dem Haus seiner Eltern erzählt, das sie in den sechziger Jahren gebaut haben. Zu dem Haus gehören ein Swimmingpool und eine Sauna und außerdem noch ein großer Garten. Es war das Modellhaus für all die Bungalows, die seitdem in jenem Teil Deutschlands errichtet wurden.

Theo, Henry und ich nehmen den Zug, sitzen im Speisewagen und essen warmen Streuselkuchen.

«Papa, können wir etwas lesen?», sagt Henry plötzlich.

Henry hat angefangen, ihn Papa zu nennen, und Theo reagiert darauf, als wäre es das Normalste von der Welt.

Sein Vater holt uns am Bahnhof ab, er trägt Shorts und Clogs, genau wie Theo ihn beschrieben hat. Seine Haut ist von der Sonne dunkel gebräunt. Er nimmt mich in den Arm, ist glücklich, mich endlich kennenzulernen, beugt sich zu Henry hinunter, wobei sie sich zur Begrüßung mit der Stirn berühren. Die Hand an Henrys Hinterkopf, schaut er Theo mit dem stolzen Blick eines Vaters an, nickt und lächelt, als wollte er sagen, du hast es geschafft, mein Sohn.

Beim Abendessen lachen alle und trinken roten Rioja von Aldi, während die Mutter köstliches deutsches Essen aufträgt. Theos älterer Bruder und die ältere Schwester sind ebenfalls gekommen und erzählen uns eifrig Familienanekdoten. Das ist es, was Familien tun, und jetzt werde ich ein Teil dieser Familie. Sie erzählen, dass ihr Vater Eisenbeschläge unter den Schuhen getragen hat, sodass seine Angestellten das Klick-Klack hören konnten, wenn er den Flur entlangkam, und dass Theo, auch wenn er jetzt ein Chaot sei, ein ungewöhnlich ordentliches Kind gewesen sei. Sie trinken noch mehr Wein, und es werden Geschichten von Theos Großvater zum Besten gegeben. Die Mutter erzählt mir, dass Frank, der ältere Bruder, eine so schreckliche Neurodermitis hatte, dass er vom Gymnasium nach Hause kam, seine gesamte Kleidung abstreifte und sich mit dem Körper am Teppichboden rieb, damit das Jucken aufhörte. Die Neurodermitis verschwand wie durch ein Wunder nach einer sechswöchigen Reise nach Israel und ans Tote Meer, als er siebzehn Jahre alt war. Und dann imitiert Theo Marcel Reich-Ranicki, bekannt als Literaturpapst, so echt und auf den Punkt, dass wir alle anfangen zu lachen, selbst Henry, der gar nicht weiß, wer Reich-Ranicki war.

Wir drei schlafen in einem Hinterzimmer, in dem lauter Schachteln mit alten Fotos und Super-8-Filmen aus Theos Vergangenheit lagern. Ich schaue mir die Bilder an. Mit einem Mal stoße ich auf den vertrauten, schwarzweißen Fotostreifen aus dem

Automaten am Alexanderplatz. Aber als ich ihn herausnehme, sind es nicht wir. Der Streifen stammt aus der Zeit, als Theo mit Mimi Lu zusammen war. Auf einer Aufnahme küssen sie sich, auf einer anderen schneiden sie Fratzen, auf der nächsten lächeln sie, auf einer dritten hat Mimi Lu sich ihr langes Haar als Schnauzbart über die Oberlippe gelegt. Verliebte Pärchen sind nicht so originell, wie sie glauben.

An jenem Wochenende fährt uns der Vater stolz zu der Straße in ihrer Heimatstadt, die nach seinem Vater, Theos Großvater, benannt ist, dem Mann auf dem Ölgemälde, das in der Diele des Hauses hängt. Währenddessen spielt Theos Mutter Brettspiele mit Henry und isst mit ihm selbstgebackenen Käsekuchen in der Küche. Jahre später werden wir herausfinden, dass er aus einer Backmischung stammte, aber er ist immer unser Lieblingskuchen geblieben.

*

Henry thront auf Theos Schultern im Pool, während wir drei Volleyball spielen und uns gegenseitig nass spritzen. Irgendwann trocknen wir uns ab und ziehen den großen Bademantel, den mittleren Bademantel und den Kinderbademantel an, die die Mutter für uns bereitgelegt hat. Die starke Feuchtigkeit auf den großen Fenstern führt zu Schimmel und Korrosion. Aber damals haben wir es nicht wahrgenommen.

Die Mutter gibt uns eine Tüte mit Sandwiches und Käsekuchen für die Rückfahrt im Zug mit.

Henry umarmt sie. «Tschüs, Oma.»

Wir sagen alle «Auf Wiedersehen», und sie fasst Theo am Arm und sagt: «Jetzt pass gut auf deine Familie auf.»

Sie hat recht. Wir drei sind eine Familie, und es fühlt sich an, als würde der Stab der Tradition weitergereicht werden.

In meinem früheren Leben war ich bestimmt eine Irin und Mutter von zehn Kindern, eine Frau, die morgens ein Kind zur Welt brachte und nachmittags Kartoffeln pflanzte. Ich liebe es, schwanger zu sein. Das war schon bei Henry so. Ich habe keine Probleme mit dem Schlafen, und mir ist auch morgens nicht übel – beinahe das Gegenteil ist der Fall. Ich finde es toll, dass ich essen kann, was ich will, und immer einen Platz im Bus bekomme. Theo staunt über meine großen Brüste und scherzt, dass er dafür sorgen wird, dass ich permanent schwanger bin. Ich bin nicht einmal gehemmt, weil mein Körper aus dem Leim geht, obwohl wir jetzt dieselben Jeans tragen. Bevor ich schwanger wurde, sagte Theo immer zu mir, eine sexy Frau habe ein kleines Bäuchlein. Er ist der erste Mann, bei dem ich mich in meinem Körper wohl fühle.

Wir finden eine Wohnung. Sie liegt in perfekter Nähe zu Henrys neuer Schule, die er von Herbst an besuchen wird. Nur der Weg zu seinem alten Kindergarten ist jetzt ein bisschen zu weit. Das Letzte, was ich will, ist, Henry noch mehr Veränderungen zuzumuten, also lassen wir ihn in dem alten Kindergarten. An den meisten Tagen bringe ich ihn mit der U-Bahn und dem Fahrrad vorbei. Manchmal bleibe ich dort in der Gegend und überbrücke die Zeit mit Freunden, im Café oder lesend. Es funktioniert. Theo fährt Henry sogar mindestens einmal die Woche mit der Vespa dorthin und hat extra einen Kinderhelm für ihn besorgt. Henry sieht damit aus wie ein Astronaut. Ich weiß, dass es für Theo die letzten Monate echter Freiheit sein werden, bis das Kind kommt, und so ermuntere ich ihn auszugehen und seine Freunde zu treffen. Ich will ihm nicht zur Last fallen. Ich möchte genau in das Bild passen, das er sich von unserem Leben ausgemalt hat. Ich verlange von ihm nur, dass wir die Wochenenden gemeinsam verbringen.

Seine Freunde necken ihn und sagen, er wird es nie fertigbringen, wegen eines Babys früh aufzustehen oder Windeln zu wechseln, aber ich habe ihn mit Henry erlebt und habe nicht den Hauch eines Zweifels.

Als ich mit Henry schwanger war, wollte ich nicht schon im Voraus das Geschlecht meines Kindes wissen. Das ist, als würde man sein Weihnachtsgeschenk schon vor Heiligabend auspacken. Warum sollte man das tun? Aber Theo möchte es unbedingt schon vorher erfahren. Er liebt die Welt der Medizin und was sie alles zu enthüllen vermag. In einem anderen Leben wäre er vermutlich Arzt geworden.

«Warum sollen wir es uns nicht sagen lassen?» Schließlich überzeugt er mich.

Wir gehen zum Arzt für eine Ultraschalluntersuchung. Ich stelle mir den schönen Augenblick vor, wenn wir entdecken, welches Geschlecht das neue Mitglied unserer Familie haben wird. Wir halten Händchen, während der Arzt das kalte Ultraschallgel auf meinem Bauch verreibt, aber was er uns zeigt, ist unheimlich. Es ist ein 3D-Ultraschallbild, und das Baby sieht aus, als wäre es aus Knetmasse. Wir erfahren, dass es ein Junge wird. Ich bin bloß froh, dass es kein Alien ist. Aber ob Junge oder Mädchen, ganz ehrlich, es ist mir egal. Beide Geschlechter haben ihre Vorzüge.

Ein paar Monate später. Es ist der Freitag vor dem Karneval der Kulturen, der berühmten Parade in Berlin, bei dem hunderttausend Menschen aus der ganzen Welt auf den Straßen tanzen. Zugleich ist es das Wochenende vor meinem errechneten Geburtstermin. Die Hebamme besucht mich und sagt nach der Untersuchung, dass ich auf jeden Fall erst eine Woche später dran sein werde. Henry, Theo und ich können also zur Parade gehen.

Bei Henry war ich auch zwei Wochen überfällig, und schließlich habe ich auf der Berlinale drei Filme am Tag angeschaut, unter anderem den fünfstündigen Dokumentarfilm von Jonas Mekas *As I Was Moving Ahead Occasionally I Saw Brief Glimpses Of Beauty.* In der Regel kann ich poetische Filme nicht leiden, aber das war der schönste Film, den ich je gesehen habe. Er zeigte schlicht das Leben, manchmal mit Kommentar, manchmal ohne, man sah dabei zu, wie sich Augenblicke entfalteten und wiederholten. In diesem Moment, während mein Körper mit neuem Leben explodierte, beschloss ich, dasselbe zu tun. Und so drehe ich jedes Jahr Kurzfilme (nicht fünf Stunden lang) zu Henrys Geburtstag. Man erlebt ihn in seinem normalen Alltag, wie er sich die Zähne putzt, Fahrrad fahren und schwimmen lernt, in der Küche tanzt, auf den Betten hüpft, durch das Sprühwasser von Rasensprenklern läuft, sich verkleidet, man sieht seine Freunde, unsere Familie, manchmal gibt es auch ein Interview, immer Musik. Ein Haufen kleiner Szenen, aus denen das Leben besteht.

Als Theo und ich sechs Monate zusammen waren, habe ich ihm zum Geburtstag auch einen Kurzfilm gedreht. Er beginnt mit einer Szene, in der er wild zu Depeche Mode tanzt und headbangt zu *I feel you* vom Soundtrack des Films *Gegen die Wand.* Dann folgt ein Schnitt und eine Szene, wie er in der Küche sein berühmtes Kartoffelgratin zubereitet, während er so tut, als würde er wie Maria Callas singen. In einer weiteren Szene trägt er Henry auf den Schultern, dann wechselt die Musik zum Titelsong von *Vergiss mein nicht.* Das war der erste Film, den Theo und ich zusammen angeschaut haben. Er handelt von der Unvollkommenheit der Liebe und dass man sich vielleicht vornehmen kann, zu vergessen, aber dass das Herz einen immer wieder stolpernd dazu bringt, sich zu erinnern. Das wurde unser Film und der Soundtrack unser Song. Das Schlussbild ist ein Foto von uns, wie wir uns küssen, während ein Fetzen Zeitungspapier aus dem Himmel herabsegelt. Sehr poetisch, bitte nicht schießen.

Und jetzt werde ich mit meinem nächsten Baby wieder überfällig sein. Ich habe das Gefühl, Extra-Zeit geschenkt zu bekommen.

Theo ist unterwegs und dreht einen Werbefilm. Ich bin zu Hause in unserer Wohnung im fünften Stock, ohne Fahrstuhl, und verbringe meine Zeit mit Henry in dem Bewusstsein, dass dies sehr bald sehr seltene und kostbare Momente sein werden.

Zeit mit Henry verbringen heißt in diesem Fall, dass ich auf der Couch sitze und mir Spiele auszudenken versuche, bei denen ich mich nicht viel bewegen oder nachdenken muss. Henry kann sich sehr gut in mich hineinversetzen und schlägt vor: «Kann Lena mit mir spielen?»

Lenas Vater gehört der Fahrradladen unten im Haus. Er ist nicht sehr gesprächig, repariert aber kostenlos unsere Fahrräder. Die Mutter ist Lehrerin, keine Frau, mit der ich mich normalerweise anfreunden würde, aber sie ist eine gute Nachbarin. Lena ist ein Jahr älter als Henry. Sie kommt hoch und spielt mit ihm, und die Mutter bringt Eis für alle. Es gibt einen besonderen Platz im Himmel für solche Nachbarn.

Den ganzen Tag schon fühle ich mich irgendwie seltsam und beginne im Internet zu surfen, um mich zu vergewissern, woran ich erkennen werde, dass die Wehen einsetzen. Als ich zwei Wochen mit Henry überfällig war, hatte ich von meiner Hebamme Akupunktur bekommen. Ist Kinderkriegen wirklich wie Fahrradfahren? Werde ich mich daran erinnern, was ich tun muss? *Beim ersten Kind gibt's tausend Fragen* hieß der damals angesagte Schwangerschafts-Ratgeber in Amerika, in dem jeder Satz mit «Hey Mädels» begann oder mit «Wir Mädels sind uns einig» endete. Als ich auf deutschen Seiten suche, um herauszufinden, wann die Kontraktionen ernst werden, entdecke ich Beschreibungen wie: Wenn man ein Kilo Kartoffeln heben und immer noch mit der Nachbarin reden kann, dann ist man noch nicht so weit.

Als Theo am Abend um 23 Uhr zurückkehrt, ist klar, dass etwas Ungewöhnliches geschieht. Ich habe das Gefühl, als würden Wellen in meinem Körper ans Ufer schlagen, aber jedes Mal, wenn sie auf den Strand treffen, fließen sie nicht ab, sondern versetzen mir einen Stoß. Die Wehen. Jetzt weiß ich es wieder. Ebbe, Stoß, Ebbe, Stoß, Ebbe, Stoß. Ich gebe unkontrollierte, gutturale Laute von mir, die man nur hervorbringt, wenn das Leben durch einen hindurchschwappt. Mein Gott, ich wünschte, ich hätte ein Nickerchen gehalten. Das Abebben und Stoßen dauert stundenlang, während ich bade und die Hebamme anrufe, und nur wenn ich auf dem Boden herumkrieche, lassen sie nach. Gerade als ich auf allen vieren bin, sehe ich plötzlich die nackten Füße des fünfjährigen Henry, der um vier Uhr morgens hellwach in der Tür steht und sich fragt, was in Gottes Namen ich da tue.

Bevor Henry Angst bekommt, hebt Theo seine Bettdecke an und sagt: «Komm her. Wir lesen Asterix.»

Henry klettert in unser Bett und schmiegt sich an Theo. Ich krieche weiter auf dem Boden herum. Stunden später rufen wir meine Schwägerin Gabriella an, die Schwester meines Exmannes, die ich immer noch sehr liebe, und bitten sie, auf Henry aufzupassen. Es ist Zeit, dass wir uns auf den Weg zum Geburtshaus machen. Ich habe Henry in einer solchen Einrichtung zur Welt gebracht und war begeistert, ein paar Stunden später wieder zu Hause sein zu können. Auch bei dieser Geburt soll es so sein.

Ich watschele zweiundneunzig Stufen hinunter, Theo geht hinter mir her mit dem leeren Maxi-Cosi.

«Ich bin mir noch nicht mal sicher, ob ich überhaupt schon so weit bin. Vielleicht schicken die uns wieder nach Hause.»

Gabriella lacht und sagt: «Syd, ich glaube, du bist mehr als so weit, krieg dein Kind bloß nicht schon auf der Treppe.»

«Tschüs, Mama, ich hab dich lieb», ruft Henry.

Er läuft zu mir, um mich ein letztes Mal zu umarmen, und legt seine Hand auf meine Brust. Die *Berührung*. Bevor wir uns zu lange im Arm halten und einer von uns beiden diesen hoch aufgeladenen Glücksmoment in einen tränenreichen verwandeln kann, weiß Gabriella, die selbst drei Kinder hat, intuitiv, wie sie Henry ablenken kann, damit er keine Angst bekommt.

«Ich hab dich auch lieb. In ein paar Stunden bin ich mit deinem Bruder wieder zu Hause.»

«Lass uns was lesen und einen Kuchen backen, Henry», meint Gabriella, während sie die Tür schließt und mir noch eine Kusshand zuwirft.

Ich steige die Treppe hinunter.

«Ich werde mir erst beim Bäcker noch einen Kaffee holen, Honey, möchtest du auch einen?», sagt Theo, über die Schulter.

«Honey, ich kriege gleich mein Kind auf der Treppe. »

«Aber wir müssen sowieso auf das Taxi warten.»

Er bemerkt meinen Blick, und glücklicherweise ist das Taxi auch schon da.

Als wir im Geburtshaus eintreffen, riecht es nach Duftkerzen. Frische Tulpen in allen Stadien ihrer Blüte stehen in Vasen und leeren Joghurtgläsern auf unterschiedlich hohen Regalen. Farben, wo man auch hinschaut. Sonja, die erfahrene Hebamme mit der milchweißen Haut, das Haar zu einem Pferdeschwanz gebunden, heißt mich willkommen. Mit ihr habe ich die ganze Nacht über immer wieder telefoniert. Ihre Stimme ist so beruhigend. Sie untersucht mich. Ich bin beinahe vollständig geweitet – was mich überrascht. Vermutlich werde ich schon bald mit Baby nach Hause zurückkehren.

Sonja fragt: «Möchtest du ein Bad nehmen?»

Ich ziehe mich aus, damit ich in die große Badewanne steigen kann. Ich habe über Wassergeburten gelesen, und sie klangen perfekt. Aber sobald meine Füße das sprudelnde Wasser berühren, ist mir kalt, und die Vorstellung, nass zu werden, gefällt mir gar nicht. Außerdem bin ich nicht sicher, ob neugeborene Babys unter Wasser atmen können, wie man sagt, sie sind ja schließlich keine Fische, und ich will es auch nicht ausprobieren.

«Kann ich mich nicht einfach ins Bett legen, bitte?», frage ich.

«Oh natürlich», erwidert Sonja und führt mich zu einem bequemen, gemütlichen Bett in einem schwach erleuchteten Zimmer.

Das ist alles passiert, bevor das Wort «hygge» populär wurde. Damals haben wir «gemütlich» gesagt. Im Hintergrund läuft leise peruanische Panflötenmusik, die Vorhänge sind zugezogen, Sonja bringt mir Pfefferminztee und massiert mir das Kreuz. Dann ist ihre Schicht vorbei, und sie möchte nach Hause. Ich habe vielleicht eine Stunde dort gelegen, als die nächste Hebamme kommt, Janina. Die Hebammen im Geburtshaus wechseln sich ab, und während der regelmäßigen Untersuchungen lernt man im Laufe der Zeit fast alle kennen. Janina kenne ich noch nicht.

Sie zieht die Vorhänge auf, und in meine halb offenen, verschlafenen Augen fällt helles Sonnenlicht. Janina hat sechs winzige, goldene Kreolen in einem Ohr, kurzes, rosa gefärbtes Haar. She means business. Auch wenn ich selbst stark bin, erkenne ich sofort, dass sie das Alphatier ist. Ich werde ihr folgen. Jetzt ist keine Zeit für Konkurrenzkämpfe.

«Wir wollen heute doch das Baby haben, oder? Dann mal raus aus dem Bett, ein bisschen Salsa, beweg deine Hüften.»

Theo fragt verzweifelt, wo er einen Espresso bekommen kann.

«Ich war die ganze Nacht auf und hab gefilmt», erklärt er der Hebamme.

Janina wirft mir einen Blick zu nach dem Motto: «Wer ist denn dieser Typ?»

«Was soll ich sagen? Der Mann braucht seinen Kaffee.» Ich nehme Theo in Schutz. Er isst ein Croissant aus der Tüte. Janina scheint es sehr zu stören, dass er keinen Teller benutzt, weil die Krümel auf den Boden fallen. Ich denke daran, dass ich Theo beeindrucken wollte. Wie stark ich bin, dass ich mit Schmerz umgehen, dass ich loslassen kann. Dafür wird er mich noch mehr lieben.

Sobald ich anfange herumzulaufen, platzt die Fruchtblase. Ich fühle, wie die Flüssigkeit das Bein herunterrinnt, die Wehen werden stärker und kommen schneller. Die Schwerkraft und der Lebenswille des Babys wollen dasselbe.

Alle dreißig Minuten setze ich mich hin, und Janina prüft die Herztöne des Babys, meinen Blutdruck und misst, wie weit sich der Muttermund schon geöffnet hat. Es fühlt sich unangenehm an, aber es tut nicht weh. Mein Körper erinnert sich an Henrys Geburt, und ich finde Stellungen, um das unangenehme Gefühl zu mildern. Mit gespreizten Beinen auf dem Geburtsball sitzend, dann hockend, den Rücken an die kalte Wand gepresst, auf allen vieren kriechend, rittlings auf einem Stuhl sitzend, an einem Seil über dem Geburtsball hängend, auf dem Geburtsball hüpfend, den Geburtsball umarmend, weil es mir, keine Ahnung warum, eine gute Idee erschien.

Mit erhobenen Armen blicke ich die Wand an, als würde man eine Leibesvisitation bei mir durchführen, und Janina tritt von hinten an mich heran und legt ihre Hände auf meine Hüfte, die sie in Achterbewegungen schwingt. Das lindert die Schmerzen im Rücken, weil sich das Baby weiter hinunter in mein Becken bewegt. Sie zeigt Theo, wie er meine Hüften bewegen soll, und sagt dabei immer wieder: «Ay, caramba, salsa.»

An einem anderen Ort und zu einer anderen Zeit wäre sie mir sicher auf die Nerven gefallen, aber ihre Worte sind wie eine Spur aus Brotkrumen, die mich aus dem Wald der Schmerzen herausführt.

Plötzlich verspüre ich das dringende Bedürfnis, auf die Toilette zu gehen. Ich stütze mich auf den Tisch und bemerke, dass Theo mir gegenübersteht.

«Nicht pressen», warnt Janina, während sie sich vor mich hinkniet.

Aber das muss ich. Ich weiß, dass ich es nicht tun sollte. Genau deshalb bekommen Frauen einen Dammriss (was sich so brutal anhört, wie es ist), wenn sie zur falschen Zeit pressen. Ich halte so lange ein, bis ich das Gefühl habe, explodieren zu müssen.

Dann bewege ich mich zu Theo hinüber und hänge mich mit beiden Armen an seinen Hals wie ein Kartoffelsack. Ich stoße einen Schrei aus, während ich mit aller Macht presse, sodass von dem Augenblick, in dem der Kopf des Babys erscheint, bis zu dem Moment, in dem sein ganzer Körper aus mir herausflutscht, nur Sekunden vergehen und Janina das Baby beinahe fallen lässt. Es geht alles sehr schnell, das Saubermachen, Messen und Wiegen, das Durchtrennen der Nabelschnur, die Nachgeburt. Und dann – ein Zeitsprung – sitze ich im Bett, halte unser Baby Sam in meinen Armen, während er blind und instinktiv nach meiner Brust sucht. Wir sitzen im Bett, und Theo und ich schlürfen Champagner. Sam nuckelt mit seinen Neugeborenen-Lippen.

«Ich liebe dich», sagt Theo und blickt mir in die Augen.

«Ich liebe dich auch. Ich liebe uns so sehr.»

Ich kann es nicht glauben. Ich kann es nicht glauben. Wir umarmen Janina, wir umarmen uns, unser Baby.

Sams Mund schließt sich um meine Brustwarze, er saugt, und die Milch beginnt zu fließen, der Druck in meiner Brust lässt nach, und wir schauen zu und schauen zu und schauen zu, während sein Instinkt die Führung übernimmt. Als seine Bewegungen schwächer werden, öffnet sich sein Mund, einen Moment lang saugt er noch Luft ein, dann fällt er in den Schlaf. Ich reiche das Baby Theo, damit er es halten kann. So macht man das jetzt, man nennt es «Vaterbindung», und Janina begleitet mich zur Dusche.

Sie hilft mir auf. Ich laufe über das Linoleum, spüre die Kühle an meinen Füßen, und bei jedem Schritt wird mir klarer, was gerade geschehen ist.

«Versuche unter der Dusche zu pinkeln, das erste Pinkeln danach brennt immer», erklärt Janina.

Sie hat die Dusche angestellt. Ich trete in den köstlichen, warmen Wasserstrom hinein und blicke auf meinen Körper hinunter. Zum ersten Mal nach vielen Monaten kann ich meine Füße sehen, ohne die Riesenschwellung davor. Überall ist Blut, auf meinen Schenkeln, meinen Brüsten. Wie *Superman*, wenn er in die Telefonzelle tritt, um sich zu verwandeln, spüre ich das Aufwallen der Hormone und ein Kribbeln im ganzen Körper. Ich habe gerade gezaubert, einen magischen Akt vollzogen.

Nur Stunden später nehmen wir ein Taxi nach Hause. Theo trägt Sam im Maxi-Cosi die Treppe hoch, während ich mir die fünf Stockwerke hinauf meine Kraft einteile. Wir hatten gelesen, dass dieser Tag auch für das erstgeborene Kind ein großer Einschnitt ist, weil es jetzt ein Geschwisterchen bekommt, und dass man dies durch ein kleines Geschenk feiern sollte. Es sei auch wichtig, hieß es in dem Buch, dass man das erste Kind nach der Geburt des zweiten mit offenen Armen empfangen und umarmen sollte. Dem Erstgeborenen mit kleinen Gesten zu vermitteln, dass er nicht ersetzt wird, kommt mir sehr logisch vor. Ich habe für Henry einen Plastikritter gekauft. Hektisch krame ich in meiner Tasche nach dem Ritter, dann klingeln wir. Theo und ich knien uns hin, um Henry zu umarmen, und Sam liegt für einen Moment allein in seinem Maxi-Cosi neben uns. Henry ist verwirrt.

«Wo ist Sam?», sagt Henry, der sich überhaupt nicht für den Ritter interessiert.

Bücher können sich so irren.

Zu dritt tragen wir Sam über die Schwelle in unsere Wohnung. Unser neues Familienleben hat begonnen.

Ich sitze im Bett, mit lauter Kissen im Rücken, und stille Sam, während Henry neben mir liegt und seinen neuen Bruder betrachtet, vorsichtig Kopf, Finger, Gesicht streichelt, während Superheldinnen-Hormone durch meinen Körper rauschen.

«Wenn du fröhlich bist, dann klatsche in die Hand.» Henry nimmt Sams Hände und legt sie aneinander.

«Wenn du fröhlich bist, dann stampf mit dem Fuß.» Er nimmt Sams winzige Füße und stupst sie aneinander.

Henry singt weiter. Ich stecke meine Nase in Sams Nackenfältchen und sauge seinen Neugeborenen-Duft ein. Ich fühle mich sehr gut. Gierig verschlinge ich meine Pasta.

Nebenan im anderen Zimmer beginnt Theo unsere Freunde anzurufen. Unsere Eltern hatten wir schon aus dem Geburtshaus benachrichtigt. Er trägt immer noch seine Lederjacke, während er sich ins Wohnzimmer setzt.

Er ist euphorisch.

«Ich bin Vater geworden», höre ich ihn sagen.

Ich bekomme nur die eine Seite des Gesprächs mit.

«Ja. Ich bin Vater geworden. Ja, ist er. Sam Elliot Atlas ist da. Wie der Schauspieler. Vor ein paar Stunden. Alles okay. Perfekt, was hast du denn erwartet? Stell dir vor, George Clooney hätte einen Sohn, der würde doch auch gut aussehen, oder? Wir drehen gerade den Film fertig, für die Dubai-Sache, ja, war seit sechs Uhr auf den Beinen an dem Tag. Lief super, richtig super. Und dann komme ich nach Hause, Syd sagt, wir sollen die Hebamme anrufen. Ich habe versucht, für ein paar Minuten die Augen zuzumachen. Und dann waren wir die ganze Nacht auf. Ungefähr um sieben Uhr. Die Hebamme, oh, die war hart drauf, die hätte dir gefallen. Ich hab immer nach einer Kaffeemaschine gesucht. Okay, muss noch ein paar Anrufe erledigen. Ja, mache ich, tschüs.»

Ich bin Vater geworden, sagt er wieder und wieder. Nach ein paar weiteren Telefongesprächen rufe ich scherzhaft rüber: «Hey, ich glaube, ich sollte in der Story über die Geburt auch vorkommen. Ich spiele auch eine Rolle.»

Sommer 2006. Jeder in Deutschland kann sich an diesen Sommer erinnern. An das «Sommermärchen». Es ist das Jahr, in dem Deutschland Austragungsort der Fußballweltmeisterschaft war und Namen wie Schweinsteiger, Podolski, Lahm und Klose vertraute Begriffe wurden, ob man das Spiel nun mochte oder nicht. Ich mochte es. Die Jungs waren jung und schön und spielten einen Fußball, den die Deutschen normalerweise an anderen Mannschaften bewunderten. Selbstbewusst, aufregend, chancenreich. Und es war sehr heiß und sonnig. Die Leute auf den Straßen hatten keinerlei Grund zur Klage. Alle waren glücklich. In dieses Märchen wurde Sam hineingeboren.

3. KAPITEL

Möchtest du einen Kaffee oder so?

Mütter stellen To-do-Listen auf, und Väter spielen Lego, und das ist die reine Wahrheit. In der 2.0-Version davon kochen die Väter auch. Es scheint, als hätte die Welt entschieden, dass die Frauen für die weniger lustigen Aktivitäten zuständig sind, die Väter hingegen für Spiel und Spaß. Ich lese *Eine kurze Geschichte der Menschheit* von Yuval Noah Harari. Die biologischen Gründe für diese Aufteilung erschließen sich mir trotzdem nicht.

Beim Lesen wird mir jedoch klar: Alle Menschen betrachten Familie als eine eigene Spezies. Man versteht die Dynamik, weil jeder auf irgendeine Weise seine Erfahrungen damit gesammelt hat. Die dunklen Ringe unter den Augen, das weinende Baby, der Vater, der ein Kind jovial auf seinen Schultern trägt und mit der Bedienung flirtet, während die Mutter dem anderen Kind die Tomatensoße vom Gesicht wischt und zu essen versucht. Irgendeine Version davon wiederholt sich seit Tausenden von Jahren. Wir sind auch nicht anders.

Weil sie unsere Jungs jedes Mal mit einem «Ciao bello» und einem Lolli begrüßen, denkt Henry, der Name unseres Lieblingsitalieners an der Ecke, der Pizza mit einem schönen dünnen, knusprigen Boden serviert, sei Ciaobello.

«Lass uns zu Ciaobello gehen», sagt Henry immer, und wir besuchen das Restaurant jeden Freitag, seit wir das erste Mal nach Sams Geburt an einem Freitag das Haus verlassen haben. Es ist bemerkenswert, was ein Glas Wein und ein Teller Pasta bewirken können, um die Lebensgeister wieder zu wecken.

Henry nimmt jetzt den Schulbus nach Hause, und wenn der Türsummer erklingt, rennt er, zwei Stufen auf einmal nehmend, die Treppe hoch. Runter geht es immer leichter, er rutscht am Treppengeländer entlang. Ich kriege richtig Muskeln, weil ich Sam und sämtliche Einkäufe – Tüten und Taschen in allen Größen und Formen – die zweiundneunzig Stufen hochtrage. Irgendwann fange ich an, die Einkäufe unten im Kinderwagen stehen zu lassen, und Theo trägt sie mit hoch, wenn er von der Arbeit nach Hause kommt. Und als Sam zu krabbeln beginnt, kriecht er die fünf Stockwerke hoch, und bei jedem Treppenabsatz habe ich eine Süßigkeit für ihn, um ihn zu ermuntern. Sam ist anders, als Henry es als Baby war. Henry liebte es, im Kinderwagen zu sitzen, und schlief ein, sobald wir uns in Bewegung setzten. Aber wenn Sam um die Mittagszeit im Kinderwagen liegt, dann weckt ihn das sanfte Schaukeln auf. Ich blicke in die Karre, und Sam schaut hellwach zu mir auf, eine Augenbraue gehoben, bereits mit zwei Monaten einen forschenden Ausdruck im Gesicht, als wolle er fragen: «Wie kann ich dir helfen?»

Als Sam sechs Monate alt ist und länger schläft, ohne gestillt werden zu müssen, schlägt Theo vor, die *Sopranos* zu schauen. Das ist zu der Zeit, als das Wort «binge» die Welt der Nahrung verlässt und in die moderne Fernsehwelt einheiratet und dabei sogar einen Doppelnamen erhält – binge-watching. Jede DVD der *Sopranos* enthält drei Folgen und sobald wir mit der ersten fertig sind, sehen wir uns an und sagen, noch eine. Es ist eine schöne Zeit. Ich kann stundenlang an einem Glas Wein nippen, und zusammen die Serie zu verfolgen, verbindet uns. Auf diese Weise teilen wir – neben den Kindern – noch weitere Erlebnisse und Erfahrungen miteinander. Als wir ungefähr zwei Jahre später mit den *Sopranos* durch sind, feiern wir das mit einer Riesenportion Lasagne und einer Menge Rotwein. Wir stopfen uns mit unseren bloßen Händen scheibchenweise Prosciutto und Salami in den Mund und fühlen uns leer, während wir die letzten Minuten der Schlussfolge unseres Antihelden Tony Soprano sehen.

Die *Sopranos* enden, und es folgen *Lost, Mad Men* und schließlich *Breaking Bad.* Serien, die dazu gemacht sind, das Fernsehen und Paare zu retten. Wann immer wir uns streiten, sind diese Geschichten der perfekte Olivenzweig, ohne dass jemand das Gesicht verliert oder sagen muss, es tue ihm leid.

Wir streiten uns hauptsächlich darüber, dass Theo seine Rechnungen nicht rechtzeitig bezahlt und Mahngebühren begleichen muss, was mich wahnsinnig macht.

«Ich verstehe nicht, warum du nicht pünktlich die Rechnungen bezahlen kannst», rufe ich frustriert.

«Sprich leiser.»

«Dann werde ich das bezahlen. Möchtest du, dass ich es bezahle? Ich erledige doch sowieso schon alles, ich kann das auch noch übernehmen.»

Daraufhin antwortet Theo jedes Mal: «Ich kümmere mich darum. Wollen wir heute Abend etwas gucken?»

Theo ist kein Morgenmensch und dass er Kinder hat, ändert nichts daran. Mir bereitet es keine Mühe, morgens aufzustehen. Auf Nachmittage könnte ich verzichten – ein Nickerchen und ich wäre richtig nett und freundlich, aber am frühen Morgen und am späten Abend habe ich das Gefühl, ein geheimes Universum würde sich mir eröffnen. Nur wenige Menschen sind wach, und man spürt, dass die Welt sich entschleunigt, sich reckt und gähnt.

In den ersten sechs Monaten schläft Sam entweder in unserem Bett oder direkt daneben. Es ist, als würde ich eine kleine Milchfarm betreiben. Stillen, schlafen, stillen, schlafen. Ich schlummere problemlos wieder ein und kann durch alles hindurchschlafen. Eines Sonntags wache ich auf, sehe mich um und bemerke, dass etwas fehlt. Ich schaue auf die Uhr, es ist neun Uhr morgens, und niemand ist im Zimmer. Ich bin allein. Wo ist Sam? Als ich allmählich wieder auf der Erde ankomme, vernehme ich Stimmen in der Küche. Henry und Theo sind mit Sam in der Küche, es läuft Musik, und alle sind glücklich.

«Mama, du hast Baby Sam nicht gehört. Er hat geschrien und geweint.»

Nee, das habe ich verschlafen. So viel zum Mutterinstinkt.

Theo ist der bessere Koch von uns beiden und wenn wir Freunde zu Besuch haben, sorgt er für das Essen. Das ist meine Vorstellung von einer guten Beziehung, jeder macht das, was er am besten kann, und der Rest wird aufgeteilt.

Vieles ist neu im ersten Jahr nach Sams Geburt. Wir wohnen in einer neuen Nachbarschaft, leben zum ersten Mal zusammen mit einem kleinen Baby. Henry besucht den Kindergarten einer neuen Schule, und ich stehe mit ihm zusammen auf, bereite ihm sein Frühstück, sein Mittagessen zu, bringe ihn zum Schulbus, gehe dann wieder nach Hause und stille Sam. Ich bin müde, unterfordert und unterschätzt.

Theo fliegt regelmäßig nach Dubai, dem neuen Land der unbegrenzten Möglichkeiten, dreht Werbefilme und verdient

Geld. Und wir haben die typischen Streitereien und Spannungen.

«Jetzt beeil dich, in einer Stunde kommen unsere Freunde, kannst du nicht ein bisschen aufräumen?»

«Entspann dich mal.»

«Niemand entspannt sich, wenn es einem vorgehalten wird. Hör auf mir zu sagen, dass ich mich entspannen soll, und hilf mir lieber beim Aufräumen.»

«Jetzt sei doch nicht so gestresst, unsere Freunde sind mit uns verabredet und nicht mit der Wohnung.»

Und dann erscheinen unsere Freunde, zum Teil seine, zum Teil meine. Wir essen, trinken, lachen und erneuern unsere Beziehungen. Ich liebe uns, alles, die guten und die schlechten Zeiten. Wir fahren auf dem Karussell des Lebens, und es fühlt sich einfach immer noch richtig an.

Seltsam ist, dass wir, als Theo ALS bekam und es in unserem Leben plötzlich um so viele große Sachen ging, deutlich weniger gestritten haben. Das zeigt nur wieder, dass die Mücke oft mehr stört als der Elefant.

Eines Tages, nachdem wir uns wieder in der Küche gestritten haben, beschließen wir, einen Paartherapeuten aufzusuchen. Eine Weile zuvor ist ein hellgelber Umschlag für Theo in der Post gewesen. Solch ein Umschlag ist nie ein gutes Zeichen. Er bedeutet, dass Strafmandate und Bußgelder nicht bezahlt, Schulden ignoriert wurden und dass es jetzt vor Gericht geht. Zu lange habe ich diese Umschläge auf seinen Schreibtisch gelegt und beiläufig gesagt: «Ach, Honey, ich glaube, du hast Post bekommen.»

Aber an diesem Tag öffne ich den Umschlag und knöpfe mir Theo vor. «Wegen einer Verwarnung von fünfzehn Euro für Falschparken musst du jetzt hundertfünfundsiebzig Euro zahlen – das ergibt Sinn, oder?»

«Wieso öffnest du meine Post?»
«Wieso hast du das Bußgeld nicht bezahlt?»
«Ich bezahle es schon.»
«Oh ja, ich habe ganz vergessen, dass du so reich und erfolgreich bist, dass du das Geld zum Fenster rauswerfen kannst.»
«Benimm dich.»
«Erzähl mir nicht, dass ich mich benehmen soll», schreie ich, während er die Küchentür derart heftig zuknallt, dass eine der Glasscheiben in der Tür zerspringt.

Das Klirren des splitternden Glases bringt uns zum Schweigen. Wir mustern die Scherben auf dem Boden, die verbliebenen Fragmente in der Tür und dann einander. Wir haben das Gefühl, eine rote Linie überschritten zu haben.

Eine Woche später begeben wir uns auf die Suche nach einem Paartherapeuten. Wir wollen jemanden hinzuziehen, bevor die Dinge eskalieren, solange wir noch in der Lage sind, die Probleme richtig anzusprechen und zuzuhören. «Ich empfinde es so», zu sagen statt: «Du hast mir das und jenes angetan.»

Wir wollen nicht wie all die anderen Paare enden, die wir kennen, die Tanzstunden nehmen, weil sie nicht mehr miteinander schlafen. «Oh nein, sie tanzen jetzt Tango? Himmel, ich wusste nicht, dass es schon so schlimm um die beiden steht», scherzen wir.

Wir suchen eine renommierte Paartherapeutin auf, eine Amerikanerin. Die Praxis liegt in einem bürgerlichen Viertel West-Berlins, wo man sich, wenn man vor dem Mauerfall in die Stadt gezogen war, immer noch riesige Wohnungen mit hohen Decken und Dielenboden für beinahe nichts leisten kann. Wir betreten den großen Flur, der auch als Wartezimmer fungiert. An den Wänden hängen lauter hölzerne Tiermasken aus exotischen Ländern, die die Therapeutin bereist hat. Zebras und wilde Tiere überall, sogar ein Nashorn. Es sieht uns an, als wollte es sagen: «Ihr glaubt also, es geht euch schlecht?» Auf dem Glastisch liegen uralte *National-Geographic*-Hefte. Da es üblich ist, in deutschen Wohnungen die Schuhe auszuziehen, verändert sich die professionelle Atmosphäre gründlich, als wir uns in ihrem Behandlungszimmer alle in Socken begrüßen.

Theo beklagt, dass ich morgens nicht allzu freundlich bin.

«Ja, ich würde es toll finden, wenn du dich morgens an mich schmiegst und sagst: ‹Guten Morgen, Honey, möchtest du einen Kaffee oder so?›»

«In welcher Sechziger-Jahre-Serie bist du hängengeblieben? Das ist es, was du willst? Steh doch selbst auf und mach mir Kaffee!», antworte ich wie aus der Pistole geschossen.

Und die Paartherapeutin sitzt auf einem ihrer ergonomischen Hocker, die Füße angezogen. Ein wenig wie eine Gottesanbeterin. Sie erinnert mich an Pat aus *Saturday Night Live*, die androgyne Gestalt, bei der man nicht bestimmen kann, ob sie Mann oder Frau ist.

Plötzlich ertönt ihre Stimme. «Okay, also ich höre, was Sie sagen, Theo. Sie arbeiten hart, Sie kommen von Ihrer Geschäftsreise zurück, und Sie möchten Wertschätzung und ein freundliches Wort.»

Oh nein, sie schlägt sich auf seine Seite. Sie schlägt sich verdammt noch mal auf seine Scheißseite. Ich glaube es nicht. Ich bin sicher, die Therapeutin ist lesbisch, aber sie scheint auf Theo zu stehen.

Ich kann mich nicht beherrschen. «What the fuck? Du willst ein freundliches Wort? Und wer macht *mir* eine Tasse Kaffee?»

Theo blickt die Therapeutin an, lächelt, gestikuliert und sagt: «Sehen Sie?»

Unsere Paartherapeutin erklärt uns, dass die meisten Beziehungen entweder unter der ungleichen Arbeitsteilung oder dem Sexleben leiden. Es kommt uns vor, als würde jedes Paar in unserer Bekanntschaft Probleme haben, hauptsächlich wegen nicht genug Sex aus der Sicht des Mannes und zu viel Sex aus der Sicht der Frau. Theo und ich haben aber guten und häufigen Sex. Ich habe den besten Sex meines Lebens. Nach vier Sitzungen und zweihundertvierzig Euro beschließen wir, das Geld lieber anders auszugeben, häufiger auszugehen und einen Babysitter zu bezahlen. Nun läuft alles viel besser zwischen uns.

Fast auf den Tag genau, als Sam mit zwei Jahren zu einer Tagesmutter kommt, erhalte ich meinen ersten großen Auftrag als Coach. Ein Mann, den ich während meiner Ausbildung beraten habe, ruft an und fragt mich, ob ich mir zutraue, ein paar Topmanager bei einer Konferenz zu coachen. Sie brauchen ein Sprechtraining. Wissen Sie, wie die Erwachsenen in den Charlie-Brown-Comics reden? «Wah, wah, wah, wah.» Ich bin so aufgeregt. Ich kann mich nicht mehr daran erinnern, was er mich sonst noch gefragt hat oder wie viel er mir bezahlen wollte. Die einzigen Verben, die ich in den letzten fünf Jahren verwendet habe, waren tragen, wischen, zudecken, putzen, zuknöpfen, Reißverschluss zuziehen. Aber ich weiß, was auf einer Bühne funktioniert und wie man ein Publikum führt, und ich fühle mich hinreichend in der Lage, den Auftrag anzunehmen. Ich höre mich selbst sagen, natürlich, das übernehme ich gerne, ohne überhaupt zu verstehen, was er von mir genau will.

In einem Kostüm fühle ich mich nicht wohl, aber ich kaufe mir eine professionell wirkende Bluse, ein T-Shirt mit getrockneter Bananenkotze darauf schien mir dann doch nicht passend. Ich betrete den Raum, in dem sich lauter Männer und eine Frau befinden, die den Spitznamen Eiserne Lady trägt. Meine Idee ist, ihre Sitzung mit all den Musterbeispielen und Finanzupdates in eine CNN-Nachrichtensendung zu verwandeln. Wir werden sämtliche Elemente einer Nachrichtensendung – vom Sport bis zur Wettervorhersage – einsetzen, um herauszuarbeiten, was die Topmanager zu sagen haben. Der CEO soll der Moderator sein. Ihre ursprünglichen Formate wie Podiumsdiskussionen und Gespräche können außerdem eingebaut werden, um eine lebendige und denkwürdige Sitzung zu gestalten. Ob es nun daran liegt, dass ich englische Muttersprachlerin bin oder keine Hemmungen habe, mit sehr einflussreichen Menschen so zu reden, als wären sie meine Freunde, keine Ahnung. Am Ende sind jedenfalls alle überzeugt.

Die Eiserne Lady versucht mich aus der Reserve zu locken und fragt mich, warum sie aus der Rolle fallen und das Publikum direkt ansprechen soll? Ich bin in der Lage, gezielt darauf zu antworten, und lasse sogar den Namen Bertolt Brecht fallen, was die Managerin zufriedenstellt. Als die Konferenz zu Ende geht, umarmt sie mich und schickt mir später Blumen. Ihre Mitarbeiter verraten mir später, dass sie noch nie erlebt hätten, dass ihre Chefin jemanden umarmt. Nach dieser Konferenz verbreitet sich meine Name wie ein Lauffeuer. Alle Kunden empfehlen mich weiter. Innerhalb von drei Jahren erhalte ich so viele Coaching-Aufträge, dass ich mein Honorar erhöhen kann und neue Kunden abweisen muss.

Bald danach startet meine Karriere durch, und ich bin oft auf Geschäftsreisen. Ich besorge Babysitter, achte darauf, dass der Kühlschrank zu Hause voll ist, schreibe Listen, lege Notizen hin: Vergiss deinen Baseball-Handschuh nicht, das Geld für die Klavierstunde ist in der Schublade, iss vorm Training was, sonst wird dir schwindlig, und ich schreibe den Kindern für ihre Lunchboxes kleine lustige Nachrichten. Gibt es irgendwo irgendeine Mutter, die nicht all diese Pflichten übernimmt? Warum ist das so, Yuval Noah Harari, warum?

Das Geld wird knapp. Theos Produktionsfirma muss Konkurs anmelden, und sie kämpfen darum, neue Aufträge an Land zu ziehen. Der Dubai-Boom, der zum Bau des höchsten Gebäudes der Welt, der größten Shopping Mall und Schnee in der Wüste geführt hat, sodass die Emirati auf einmal Ski fahren konnten, ist jäh eingebrochen, als die Finanzkrise eine globale Rezession auslöst. Es ist beängstigend, weil einige Sub-Unternehmen Theo und seinem Partner zweihunderttausend Euro schulden. Nach Jahren der Verhandlungen gelangen sie zu einer Einigung, aber er hat dennoch viel Geld verloren. Sein Geschäftspartner und er akquirieren mehr Aufträge in Deutschland, nur um die Rechnungen zu bezahlen, und der Glamour, mit Emirates durch die Gegend zu fliegen, wird ersetzt durch Zweite-Klasse-Tickets der Deutschen Bahn. Es fühlt sich merkwürdig an, als er mich eines Tages wegen einer kreativen Präsentation für einen Job, um den er sich bewirbt, um Rat fragt. Bis dahin war es immer umgekehrt gewesen. Haben wir früher alles fifty-fifty zwischen uns aufgeteilt, schultere ich jetzt einen immer größeren Anteil unserer Ausgaben, für Urlaube, Abendessen, Kinderkleidung, bis ich letztlich, außer der Miete, alles bezahle. Ich habe das Gefühl, dass wir dennoch Glück haben. Meine Karriere hat zum richtigen Zeitpunkt Fahrt aufgenommen, gerade als es bei Theo schwierig wurde. Aber sein Ego ist verletzt. Er wollte uns alle mit nach Hollywood nehmen, und Jahr für Jahr erscheint es immer unwahrscheinlicher, dass das je passieren wird.

Es ist das Wochenende, an dem Sam und ich zusammen wegfahren, nur wir zwei. In diesen zwei Tagen kommen wir uns viel näher. Natürlich verbringen wir auch sonst Zeit miteinander, aber Sam spielt am liebsten mit Henry. Sobald Theo nach Hause kommt, habe ich Zeit, mich um meine eigenen Projekte zu kümmern, während sich Theo mit Engelsgeduld Sam widmet. Henry hat sich im dementsprechenden Alter eher mit Worten ausgedrückt, Sam hingegen spricht mit dem ganzen Körper.

Wenn Theo und ich am Wochenende im Bett liegen, kommt Sam herein und singt und tanzt für uns eine Show, die er sich ausgedacht hat – ein Mix aus *Sweeney Todd – Der teuflische Barbier aus der Fleet Street* und *Coraline* – schräg, ausdrucksstark und komisch.

An dem besagten Wochenende, Henry ist bei seinem Vater und Theo auf Dienstreise, fahren Sam und ich also allein weg. Wir wählen Leipzig als Ziel, wo es einen Zoo gibt. Die Stadt liegt nur eine kurze Bahnreise entfernt. Sam ist viereinhalb Jahre alt.

Als wir in Leipzig eintreffen, sind die Straßen verschneit, und es ist kalt. Sam formt einen Schneeball, den er mit sich herumträgt. Wir geben ihm einen Namen, Bubo, und gehen dann weiter und reden mit ihm, als wäre er eine echte Person.

«Was isst Bubo denn zum Frühstück?», frage ich.

«Eiscreme», antwortet Sam. «Vanilleeis.»

«Was für eine Decke hat Bubo? Eine Schneedecke?»

«Nein, der braucht keine Decke, der friert gern.»

«Wir können Bubo nicht mit nach Hause nehmen, was sollen wir machen?»

«Dann schicken wir ihn zu seiner Familie zurück», meint Sam und wirft den Ball in einen Schneehaufen in der Ferne.

«Tschüs, Bubo, tschüs», rufen wir und gehen zu unserem Hotel. Wir bestellen etwas beim Zimmerservice und ziehen uns die weißen Hotelbademäntel an, wobei Sams Bademantel seinen kleinen Körper bedeckt wie ein Hochzeitskleid mit langer Schleppe und Gürtel. Als der Mann an der Rezeption erfährt, dass es Sams erste Übernachtung in einem Hotel ist, schenkt er ihm ein Stofftier, einen Bären, den wir natürlich Bubo taufen. Der Schneeball ist wiedergeboren worden, und unser Spiel dauert noch heute an. Bubo hat inzwischen eine ganze Familie, jedes Mitglied hat seine eigene Persönlichkeit. Wir können das stundenlang weiterspielen, ohne darüber zu urteilen, ob wir das albern finden sollen oder nicht. In dieser Phantasiewelt, die Sam und ich jederzeit betreten können, habe ich manchmal das Gefühl, als spielte ich mit meinem früheren Selbst.

Inzwischen ist Sam im Kindergarten. Nach einer Halloween-Parade komme ich eines Tages nach Hause und lege mich gleich ins Bett. Ich habe hohes Fieber und fühle mich sehr schwach. Ich werde nie krank, und so ist das Ganze sehr ungewöhnlich.

Das geht eine Weile so weiter und als ich schließlich einen Arzt aufsuche, verabreicht er mir Antibiotika, die ich nicht nehmen möchte, aber trotzdem nehme, sie wirken allerdings nicht. Tagelang liege ich im Bett und schlafe mit halb geöffneten Augen, ich spüre einen Hustendrang, kann aber nicht husten. Manchmal muss ich mich vorbeugen und versuche zu erbrechen. Aber ich stoße nur trocken auf, und es kommt nichts raus. Einmal würge ich derart heftig, dass ich mir in die Hose mache, während ich huste. Mir ist das peinlich, aber Theo scheint es nicht zu bemerken.

Nach einer weiteren Woche ohne Besserung sagt der Arzt, dass er meine Lungen röntgen möchte.

Es ist Freitagmorgen. Theo hat Sam zur Tagesmutter gebracht, Henry zum Schulbus, und wir erhalten einen Festnetzanruf von meinem Arzt.

Er erklärt, ich müsse mich sofort noch einmal röntgen lassen, weil es einen Verdacht auf Lungenkrebs gibt.

Direkt nach dem Anruf mailt uns der Arzt die Diagnose. «Verdacht auf Lungenkrebs», schwarz auf weiß. Ich breche in Tränen aus. Dies ist einer dieser Augenblicke, die das ganze Leben umkrempeln, von denen ich immer gehört habe. Es geschieht wirklich. Wir sind allein. Ich stehe da, falte die Wäsche zusammen und denke: Oh, das ist einer dieser Filme, wo die junge Mutter stirbt und ihre Kinder zurücklässt, schwach, aber mit leuchtend rotem Lippenstift.

Weinend sage ich zu Theo: «Wenn die Diagnose stimmt, erzählen wir es den Kindern nicht, wenn sie nach Hause kommen. Ich möchte, dass wir uns alle zusammen ins Bett legen, Nudeln essen und *Mary Poppins* gucken.»

Glücklicherweise sorgt der Arzt dafür, dass ich die zusätzliche Röntgenaufnahme in der Klinik gegenüber unseres Zuhauses machen lassen kann. Theo hilft mir über die Straße. Ich fühle mich elend. Für die Aufnahme muss ich die Luft anhalten. «Versuchen Sie nicht zu husten», ermahnt mich die Schwester, also lege ich mich zur Untersuchung hin.

«Bah», ruft die Schwester aus, «so eine Lungenentzündung habe ich ja noch nie gesehen. Die Lunge ist vollkommen vereitert.»

«Eine Lungenentzündung?», fragen wir noch einmal nach, um ganz sicherzugehen.

Ungläubig starren Theo und ich uns an, dann brechen wir in Jubel aus. Wir umarmen uns noch auf dem Untersuchungstisch. Es war eine Fehldiagnose, kein Krebs, es ist eine schwere Lungenentzündung, aber das ist alles.

Ich bin immer noch so krank, dass meine Freundin vorbeikommt und mir einen Brustumschlag aus warmem Kartoffelbrei macht. Als wäre ich in Hausmannskost eingewickelt, so komme ich mir vor. Und allmählich, Tag für Tag, eine Kartoffel, zwei Kartoffeln, drei Kartoffeln und dann vier, geht es mir wieder besser. Ich spüre, wie die Kräfte zurückkehren, wie Luft, die in einen leeren Luftballon gepumpt wird. Dennoch geht es mir noch nicht gut genug, dass ich Theo und die Jungs zum Geburtstagsfest seiner Mutter im November begleiten kann.

Sein Vater ruft mich an, um mir zu sagen, wie sehr sich die

Familie gesorgt hat und wie froh er jetzt ist, dass ich wieder wohlauf bin. Er zitiert an Geburtstagen und bei besonderen Anlässen immer dasselbe Gedicht und trägt es mir nun vor. «Syd, wende dein Gesicht der Sonne zu, und du wirst die Schatten hinter dir lassen.»

Theo hat sich, als ich krank war, so liebevoll um mich gekümmert, dass meine Freundinnen anfangen Witze zu reißen.

«Tu häufiger mal so, als wärst du krank. Das funktioniert. Er kümmert sich um dich und die Kinder und geht sogar einkaufen.»

Zwei Monate später stirbt Theos größter Fan, sein Vater, an einem Herzinfarkt, und direkt danach erklärt Theo: «Ich kann nicht mehr sprechen.»

«Was meinst du damit?», frage ich.

«Ich kann keine Worte mehr bilden. Ich spreche nicht richtig. Ich kann nicht sprechen.»

Jedes Opfer eines Taschendiebs erinnert sich im Nachhinein an die Vorgänge, kennt den Moment, wo etwas komisch war. Irgendeiner fing plötzlich an, in einer überfüllten U-Bahn Zeitung zu lesen, jemand wurde auf eine Art angerempelt oder gestoßen, die einem später verdächtig vorkommt. Als Theo sagte, er könne nicht mehr sprechen, war das so ein Augenblick.

«Honey, du hörst dich aber vollkommen normal an. Dein Vater ist gerade gestorben, da reagierst du natürlich sehr emotional. Das ist nachvollziehbar.»

Die Tatsache, dass Theo Hypochonder war und jede mögliche schreckliche Krankheit, die je existierte, auf die eine oder andere Weise schon einmal erlebt hatte, führte dazu, dass ich ihm nicht glaubte. Aber das hätte ich tun sollen. Diesmal hatte er wirklich etwas.

SOMMER

HOFFNUNG Wenn es hart auf hart kommt, heiraten die ganz Harten, und zwar nicht einmal, sondern dreimal, idealerweise dieselbe Person und idealerweise an verschiedenen Orten der Welt.

4. KAPITEL

Jesus

«Ich bin jetzt Geschäftsfrau.» Ich kann es noch gar nicht glauben.

Man lädt mich nach Chicago ein, um die Redner einer Konferenz zu coachen. Es ist meine erste offizielle Geschäftsreise, und ich habe das Gefühl, eine Welle zu reiten, die sich gerade erst aufbaut. Das hindert mich nicht daran, all die kleinen kostenlosen Hotel-Annehmlichkeiten einzusacken: die kleinen Shampoo-Pröbchen, die Körperlotion (selbst das Nähzeug und den Schuhputzschwamm – man weiß nie, wann man so etwas mal braucht).

Beinahe täglich schreibe ich Theo E-Mails, weil ich zum ersten Mal für längere Zeit weg bin. Wie geht es den Kindern? Wie geht es ihm? Vermisst er mich? Ich möchte mich vergewissern, dass alles klappt und funktioniert. Normalerweise ist er es, der unterwegs ist, aber diesmal bin ich an der Reihe. Ich bin gern auf Reisen. Ich bin auch sehr gern mit meiner Familie zusammen, aber ein hungriger und kreativer Teil von mir wird nur von meiner Arbeit genährt und gefüttert. Vielleicht hängt es auch damit zusammen, dass ich zur Abwechslung mit erwachsenen Menschen reden kann.

An dem Tag, an dem ich aus Chicago zurückkehre, spazieren wir vier zu einem Spielplatz in der Nähe unserer Wohnung in Schöneberg, um den Jetlag abzuschütteln. Henry und Sam spielen Fangen. Sie teilen sich zu Hause ein Zimmer und haben die letzten zwei Jahre sogar zusammen in einem Bett geschlafen. Wenn Sam einen Albtraum hat, schlüpft er zu Henry ins Bett. Abends höre ich ihn oft fragen: «Kann ich heute Nacht bei dir schlafen?», was mich an meine verzweifelten Zwanziger erinnert, als ich mich so sehr nach einem Freund sehnte.

«Sam, ich hab dir doch gesagt, nur montags, mittwochs und freitags, außer du hast einen Albtraum», erklärt ihm Henry geduldig. Sie sind so eng verbunden, wie Brüder überhaupt nur verbunden sein können, und wenn Freunde darüber klagen, dass ihre Kinder immer streiten, danke ich im Stillen demjenigen, der dafür verantwortlich ist – wer auch immer es sein mag –, dass es bei uns so friedlich zugeht.

Die beiden hocken gerade auf dem höchsten Turm des Klettergerüsts, um zu reden, wie sie es immer tun. Sie können stundenlang da sitzen und darüber diskutieren, welche Superkräfte sie in dem Phantasiespiel, das sie sich ausgedacht haben, jeweils besitzen.

«Ich habe Neuigkeiten für dich», sagt Theo zu mir, während wir an diesem kalten Oktobertag schwarzen Kaffee trinken.

«Was?» Ich schaue zu den beiden Jungs hinüber.

«Ich habe ALS.»

«Was hast du?» Jetzt wende ich mich ihm zu. Im Nachhinein bin ich mir nicht sicher, ob ich in dem Moment den Begriff schon kannte.

«Das Lou-Gehrig-Syndrom», führt er aus.

Das Lou-Gehrig-Syndrom, davon habe ich gehört. Das ist die Krankheit, die auch Stephen Hawking hat. Ich zögere, weil ich einen Sekundenbruchteil nicht verstehe, was Theo da sagt. Macht er vielleicht einen seltsamen Scherz? Ist er neidisch, weil ich gerade einen großen Auftrag hatte? Ist er verrückt? Seit dem Tod seines Vaters benimmt er sich ein wenig seltsam. Ich mustere ihn, als er weiterredet.

Während ich fort war, hat Theo einen HNO-Arzt aufgesucht. Möglicherweise hat er es mir sogar erzählt, dass er zum Arzt geht. Nein, tatsächlich war ich es, die es ihm vorgeschlagen hat. Eine Taktik, die meine Freundin einsetzt, wenn ihr Mann, ebenfalls ein Hypochonder, sich darüber beklagt, er sei krank. Von ihr hatte ich die Idee.

«Ja, ich würde mir Sorgen machen, wenn ich du wäre», sagt sie jedes Mal zu ihrem Mann. «Du lässt dich besser untersuchen, für alle Fälle.»

Das ist so wie in der Szene in *Die Jagdsaison ist eröffnet*, als sich Bugs Bunny und Daffy Duck direkt vor Elmer Fudd, der mit seiner geladenen Waffe dasteht, streiten:

Bugs: «Entensaison!»
Daffy: «Hasensaison!»
Bugs: «Entensaison!»
Daffy: «Hasensaison!»
Bugs: «Entensaison!»
Daffy: «Hasensaison!»
Bugs: *«Hasensaison!»*
Daffy: «Entensaison!»
Bugs: «Hasensaison!»
Daffy: «Ich sehe, es ist Entensaison, und ich sage, FEUER FREI!»
BOOM!

Ich dachte, ich mache dasselbe, ich werde der noch schlauere Bugs Bunny sein und Theo erzählen, dass ich wirklich besorgt wäre, vielleicht wäre er tatsächlich krank, dann würde er sich wieder beruhigen.

«Ja, das könnte was Ernstes sein, geh lieber mal zum Arzt, Honey.»

Und da ich nichts mehr davon gehört habe, seitdem ich in Chicago war, nahm ich an, dass meine neue Strategie funktioniert hat. Wenn etwas gewesen wäre, hätte er es mir doch gesagt.

Der HNO-Arzt hat ihn zu einem Neurologen geschickt. Der Neurologe wiederum meinte: «Wir sollten noch ein paar Untersuchungen durchführen.»

Theo erzählt mir das alles mit mitleiderregendem Ausdruck. Ich kann nicht anders und frage mich: Darf es mir denn nicht mal gutgehen? Muss sich immer alles um ihn drehen?

«Also, das muss ja noch nichts heißen», sage ich.

Aber Theo war noch nicht fertig.

«Ich kam vom Neurologen und sah einen Straßenmusiker aus Brasilien Gitarre spielen, also blieb ich stehen, um ihm zuzuhören. Später haben wir zusammen eine Zigarette geraucht und uns unterhalten. Als ich ihn nach seinem Namen fragte, sagte er, er heiße Jesus.»

Theo bricht hier ab, überzeugt, dass das ein Zeichen ist, eine Vorahnung, dass er sterben wird oder dass dies das Kreuz ist, das er zu tragen hat. Daran möchte ich mich nicht beteiligen. Diese Seite von ihm möchte ich nicht fördern.

«Komm schon, das bedeutet doch gar nichts, halb Südamerika heißt Jesus», entgegne ich und mustere ihn. Tickt er gerade ein bisschen aus? Theo blickt mir direkt in die Augen.

Am nächsten Tag frage ich Theo in der Küche, ob ich ihm in den Mund schauen darf. Seit Wochen starrt er jetzt schon mit ausgestreckter Zunge in den Spiegel. Ich möchte sehen, was er sieht. Ich benutze dafür die Taschenlampe meines iPhones. Theo sitzt auf dem Stuhl und lässt den Kopf zurücksinken. Ich kenne seinen Mund vom Küssen sehr genau, aber ich habe natürlich nie wirklich hineingeschaut. Er öffnet ihn. Ich bemerke Füllungen und Zähne, die nicht amerikanisch perfekt sind, mir aber sehr vertraut, und dann betrachte ich seine Zunge. Sie wirkt wie ein Lebewesen, bewegt sich wie von selbst hin und her, als wären Tausende von Würmern darin, die sich unter der Haut winden. Ich keuche beinahe auf, kann mich aber gerade noch bremsen, damit Theo nicht nervös wird, und statt einzuatmen, atme ich aus und kriege einen Schluckauf.

An jenem Abend google ich – Zuckungen in der Zunge, der medizinische Terminus ist «Faszikulation» – und lande automatisch auf Seiten zum Thema ALS. Ich versuche anders zu recherchieren: Zuckungen in der Zunge und alles in Ordnung, Zuckungen in der Zunge und kein ALS, Zuckungen in der Zunge ohne Befund, aber ich gerate immer wieder an ALS. Ich googele und kratze an einem Mückenstich an meinem Bein. Googeln und kratzen.

Irgendwann finde ich mich in einem ALS-Forum wieder, wo ich herunterscrolle und einen Chat zwischen Mr. Blue, Nuts und Soul Seeker entdecke. Nuts hat Angst, dass sie ALS hat, und listet all ihre Symptome auf, vom Juckreiz bis zu Tinnitus, und fügt sogar ein Foto ihrer Zunge hinzu. Mr. Blue schreibt zurück, dass es nicht nach ALS klingt und ihre Zunge normal aussieht. Soul Seeker schickt Segenswünsche und Emojis, sie soll durchhalten. Nuts schreibt zurück. Sie macht sich wirklich Sorgen, weil ihre Stimme so heiser ist und ihre Glieder sich steif anfühlen. Mr. Blue antwortet, dass dies ein Forum für Leute mit ALS ist und sie möchte bitte das Forum verlassen. Ich scrolle weiter herunter. Noch eine Nachricht von Nuts: «Yippie, ich bin so aufgeregt, ich habe Borreliose! Entschuldigt bitte! Ich melde mich ab.»

Einige haben das Privileg, den exklusiven Club verlassen zu dürfen.

Mein Knöchel schmerzt, ich schaue hinunter. Er blutet. Ich muss mich wohl zu sehr gekratzt haben.

Am Ende des Monats suchen Theo und ich die Schlosspark-Klinik auf, um alle erdenklichen Untersuchungen und Tests durchführen zu lassen. Wir wollen herausfinden, was die Faszikulationen der Zunge verursacht. Die Kinder lügen wir an und sagen, Theo müsse eine Geschäftsreise unternehmen und ich würde ihn begleiten. Zu diesem Zeitpunkt haben wir noch keine Au-pairs und behelfen uns mit Babysittern. Wir möchten nicht, dass sich irgendjemand unnötig sorgt.

Theo hat wieder sein Blutdruckmessgerät herausgeholt, das er im Nachttisch aufbewahrt. Als er seinen Wehrdienst in der Bundeswehr ableistete, ist er Sanitäter gewesen. Er gewöhnt sich an, ein paarmal am Tag seinen Blutdruck zu messen. Dauernd fühlt er seinen Puls oder betrachtet seine Zunge. Ich habe das schon früher mit ihm erlebt. Er ist von dem Gedanken besessen, dass er etwas Schlimmes hat. Er nimmt sogar seine Stimme auf und spielt sie sich dann vor.

«Was macht Dada?», fragt Sam.

«Dada ist immer noch traurig, dass Opa gestorben ist, und sein Körper reagiert darauf.»

«Wie bei Antons Vater, als der Windpocken im Gehirn hatte und Stimmen hörte?»

«Nicht ganz so schlimm», antworte ich. Sam meint den Vater eines Freundes, bei dem man Schizophrenie diagnostiziert hat.

Theo soll das ganze Wochenende im Krankenhaus bleiben. Man gibt ihm ein Plastik-Armband mit seinem Namen darauf, wie in einem dieser All-inclusive-Resorthotels, wo man Erdbeer-Daiquiris am Pool trinkt und Zumba-Kurse im Wasser macht. Als wir durch das Krankenhaus laufen, vorbei an all den kranken oder sorgenvoll dreinschauenden Patienten, kommt mir Theo jung und stark vor, so fehl am Platz.

Bevor wir die Ärzte treffen, bringen wir seine Habseligkeiten ins Zimmer, bloß eine Laptop-Tasche mit etwas frischer Unterwäsche und seinem Computer. Theo teilt sich den Raum. Der andere Mann ist Mitte vierzig. Er hatte einen Schlaganfall, von dem er sich nie ganz erholt hat. Er läuft mit einem Stock herum, in Bademantel und Hausschuhen. Schließlich stellt er sich vor und schüttelt uns mit seinem gesunden Arm die Hand. Er ist sehr schwer zu verstehen, und ich nicke bloß und lächele. An die Wand hat er Fotos von seiner Familie geklebt. Auf einmal kommen zwei Ärzte herein, ein junger, Mann, hübsch, mit John-McEnroe-Locken und Turnschuhen, und eine schwangere Frau, mit Pferdeschwanz und baumelnden Ohrringen. Sie begrüßen uns und führen uns zum Untersuchungsraum. Ich bin froh, dass ich das Zimmer verlassen, bei den Nichtkranken sein kann. Theo gehört nicht hierher.

Der Arzt fragt Theo zunächst sehr freundlich, warum er hier ist und ob er irgendwelche Symptome hat.

Theo erklärt, dass er seit dem Tod seines Vaters Artikulationsprobleme wahrnimmt. Ich glaube, der Arzt und ich tauschen ein wissendes Lächeln, halten es beide übereinstimmend für Einbildung. Dann lässt der Arzt Theo eine Faust machen und sie gegen seine offene Hand pressen, um zu sehen, wie stark er ist; sie plaudern über Kampfsportarten. Währenddessen rede ich mit der schwangeren Ärztin über psychosomatische Krankheiten, und sie erzählt mir, dass es ein Phänomen namens Medizinstudenten-Syndrom gibt, bei dem Medizinstudenten annehmen, dass sie die Symptome der Krankheit, die sie gerade studieren, selbst erleiden. Das tritt besonders dann ein, wenn sie etwas über ALS lesen.

Irgendwann verkündet der Arzt, dass sie bei Theo eine Reihe

Tests durchführen werden. Er würde uns dann später wieder sprechen. Als Erstes begeben wir uns zum MRT, dafür müssen wir in ein anderes Klinikgebäude. Die Mitarbeiter erklären uns, wie lange es dauert, und schon vom Zuhören wird mir klaustrophobisch zumute. Aber Theo ist entspannt.

Während wir auf das MRT warten, laufe ich auf dem Gelände herum. Das Seltsamste an deutschen Krankenhäusern – und es gibt ein paar sehr schöne – ist, dass die Leute draußen rauchen dürfen. Normalerweise nur an bestimmten Stellen, aber die meisten Patienten, Besucher und Mitarbeiter halten sich nicht an die Regeln und rauchen, wo sie wollen. Selbst vor den Beatmungsstationen kann man Rauchern in Krankenhauskitteln begegnen. Damit bin ich überhaupt nicht klargekommen, aber später, als wir die 24-Stunden-Pflegerinnen und -Pfleger bei uns zu Hause hatten, stellte sich heraus, dass die meisten von ihnen ebenfalls rauchten.

Ich kehre zurück, um Theo abzuholen.

Die Mitarbeiter sagen uns: «Alles in Ordnung.» Das heißt, kein Gehirntumor. Aber keiner von uns hat angenommen, Theo habe einen Gehirntumor.

Nun auf zum nächsten Backsteingebäude für die Lumbalpunktion (spinal tap). In meiner Familie ist niemand je krank gewesen, und ich kenne spinal tap nur aus der größten Pseudo-Doku aller Zeiten, dem Film *Die Jungs von Spinal Tap*. Theo kennt den Film natürlich auch, und wir spielen unsere Lieblingsszenen nach. «Dieser hier geht noch eins lauter. These go to eleven.»

Wieder warten wir auf die Ergebnisse. Die Lumbalpunktion ergibt ebenfalls keinen Befund. Das heißt, keine multiple Sklerose. Nachdem bislang alle Untersuchungen gut verlaufen sind, werde ich übermütig. Ich ziehe los und hole mir eine Cola aus dem Automaten, obwohl ich seit meinem zwölften Lebensjahr keine Limonade mehr getrunken habe. Ich schmecke die kalte, zuckrige Süße, als sie auf meine Geschmacksnerven trifft wie das wahre Leben, und ich weiß, alles wird gut.

Dann ist die nächste Untersuchung fällig, die Elektromyographie, die letzte für heute.

Es ist Freitagnachmittag. Wir sitzen in einem schwach beleuchteten Raum, die späte Nachmittagssonne fällt in einem schrägen Winkel durch die Fenster, sodass man die vertikalen Jalousien richten muss, damit das Licht die Monitore nicht blendet. Die Schwestern plaudern, und ich beteilige mich an ihrem fröhlichen Gespräch.

Damit ALS diagnostiziert werden kann, muss nachgewiesen werden, dass es in drei der vier Körperregionen Schäden im unteren Motoneuron gibt: in Kopf und Hals, den Armen, dem Rumpf und den Beinen. Bevor ich mit der Welt der Medizin in Kontakt kam, habe ich mir meinen Körper als eine Einheit vorgestellt, aber Ärzte betrachten den menschlichen Leib nicht als Summe seiner Teile, sie betrachten ihn in Teilen.

Motoneuronen transportieren die Signale aus dem zentralen Nervensystem in die anderen Bereiche unseres Körpers; sie sagen den Muskeln, was sie tun sollen. Eine EMG testet die Gesundheit der Muskeln und der Motoneuronen, die sie kontrollieren. Und dieser Test ist es auch, zusammen mit gewissen Symptomen und dem Ausschluss anderer Diagnosen, der gewöhnlich als ALS-Befund zählt.

Für die EMG legt Theo sich auf einen Untersuchungstisch. Die Schwester legt die Hand auf seine Füße, Knöchel und Hände wie eine Mutter, die ihrem Kind die Stirn fühlt, um zu prüfen, ob es Fieber hat. Seine Glieder sind zu kalt. Die Schwester wärmt ein paar weiße Handtücher an und wickelt sie um seine Knöchel und Handgelenke wie in einem altmodischen Friseurladen. Danach führt sie die erste Nadel in seinen Knöchel ein und sagt Theo, er solle anspannen, dann entspannen. Anspannen, entspannen. Die Elektrode der Nadel dringt direkt in den Muskel ein und zeichnet die elektrische Aktivität auf. Das Ganze wird an den Beinen fortgesetzt, schließlich an Bauch, Armen, Stirn, Hinterkopf und selbst auf seiner Zunge. Manchmal muss die Schwester ein bisschen an der Nadel ruckeln. Es ist ein knackendes Geräusch wie ein Maschinengewehr, dessen Mündungsfeuer durch das statische Rauschen eines Radios dringt. Die Wellen auf den Monitoren schlagen nach oben und unten aus.

Plötzlich ist die Untersuchung zu Ende, und es sind nur ein paar Blutstropfen zu sehen, dort, wo die Nadel gesteckt hat.

«Alles in Ordnung, Honey? Möchtest du einen Kaffee?», erkundige ich mich. Theo hat an diesem Tag eine Menge durchmachen müssen.

«Ich dachte schon, du fragst nie», antwortet er.

«Wir besorgen dir einen. Du bist so tapfer.» Ich küsse ihn, und wir gehen zurück, um den jungen, lockenköpfigen Arzt und die schwangere Ärztin aufzusuchen. Wir wollen die Ergebnisse besprechen.

Der Arzt sitzt auf dem Schreibtisch und lässt die Beine baumeln, sehr lässig.

«Wir haben eine schmutzige EMG erhalten», sagt er.

Eine Sekunde lang war ich mir nicht sicher, ob dies eine umgekehrte Logik ist, wie wenn man positiv auf HIV getestet wird, was ja eigentlich negativ ist. Aber nein. Eine saubere EMG heißt, es ist kein ALS, eine schmutzige bedeutet, es gibt ein paar Abnormitäten.

Der Arzt spricht weiter, und ich weiß noch, dass er keinen typisch medizinischen Jargon benutzt hat und seine Wortwahl in ihrer Einfachheit auch nicht typisch deutsch war.

«Ja, das ist blöd, es ist wirklich blöd, weil wir Sie mit einer Bescheinigung über Ihren ausgezeichneten Gesundheitszustand nach Hause schicken wollten. Aber hören Sie, Sie müssen nicht das Wochenende über hierbleiben. Kommen Sie Montag wieder. Dann wird der Chefneurologe die EMG noch einmal machen.»

Ich unterbreche ihn und sage, dass die Schwestern die ganze Zeit geredet haben und es in dem Raum sehr dunkel war. Vielleicht hat das die Ergebnisse beeinflusst. Keiner der beiden Ärzte wirkt beunruhigt. Ich schaue immer wieder zu ihnen hinüber und versuche ihren Blick zu erhaschen. Sie reagieren mit einem Lächeln. Wir verabschieden uns von den Ärzten, und ich umarme die Schwangere sogar. Wir spazieren den Flur hinunter.

«Also, ich glaube, die würden einen doch auf keinen Fall nach Hause schicken, wenn sie befürchten, dass es etwas Ernstes ist.» Ich möchte es auf den Punkt bringen und das Geschehene Revue passieren lassen.

Theo, die Laptoptasche über der Schulter, geht langsam neben mir her. Er nickt bloß und bleibt vor einem Automaten stehen, um sich eine Cola und Snickers zu kaufen.

Der arme Mann hat den ganzen Tag nichts gegessen.

An jenem Abend kehren wir nach Hause zurück und erzählen den Kindern, die Geschäftsreise sei abgesagt worden. Unsere geliebte Babysitterin bleibt da, sodass die Kinder nicht enttäuscht sind, und ich ziehe noch mal los, um einen Film auszuleihen. Wir wollen eine schlichte Komödie anschauen, damit wir lachen können, und nicht eine dieser Pseudo-Komödien, die in Wirklichkeit Tragödien sind (wie Jennifer Aniston in *Marley & ich*, der traurigsten Komödie aller Zeiten). Ich kehre mit *Hangover* und einer Flasche unseres Lieblings-Riojas zurück.

Am Montag finden wir uns erneut im Krankenhaus ein, um die EMG zu wiederholen, aber diesmal mit dem Chef der Neurologie, einem hochgewachsenen Mann mit schmalem Gesicht und langen, silberweißen Haaren. Er hätte George Washingtons Cousin sein können. Die Untersuchung schmerzt diesmal mehr, weil Theo jetzt weiß, was auf dem Spiel steht.

Der Chef der Neurologie erkennt Schäden im unteren Motoneuron. Er weiß nicht, warum.

«Solche Schäden können aufgrund eines Autounfalls auftreten. Oder weil Sie die Treppe heruntergefallen sind», sagt er.

«Erinnerst du dich noch, Theo? Diese Geschichte, wie du in deiner Jugend eure Wendeltreppe heruntergefallen bist?», werfe ich ein. «Er hat Karate gemacht. Könnte es das sein?», frage ich den Arzt.

«Das könnte sein.» Dann fährt er fort: «Sie haben im Moment keine Symptome», er schüttelt Theo die Hand, «ich weiß, dass das schwierig ist. Aber solange Sie keine Symptome haben, und vielleicht werden Sie nie welche haben, leben Sie Ihr Leben weiter.»

Wir verlassen die Klinik. Theo ist deprimiert, und ich bin voller Hoffnung. Wieder und wieder gehen wir durch, was der Arzt gesagt hat.

Womit ich nach Hause zurückgekehrt bin: Sie haben im Moment keine Symptome. Es gibt keine ALS-Diagnose.

«Hör mal, kein Mensch lässt doch bei sich diesen EMG-Test machen, es sei denn, Ärzte vermuten, dass da irgendetwas ist. Wenn man bei jedem Menschen auf der Welt eine EMG durchführen würde, würde man wahrscheinlich feststellen, dass jeder irgendeine Form von Motoneuron-Schäden hat», sage ich zu ihm.

Man weiß so wenig über ALS und wo es herkommt. Deshalb

erscheint es mir plausibel, dass die Krankheit so plötzlich, wie sie aufgetaucht ist, auch wieder verschwindet.

Je mehr wir reden, desto überzeugter bin ich davon.

Ich beschließe, für Theo zum Geburtstag eine Überraschungsparty zu schmeißen. Er wird fünfzig, sein Vater ist im letzten Jahr gestorben, alles, was mit seiner Arbeit zusammenhängt, ist sehr schwierig für ihn gewesen. Außerdem glaubt er, er würde an einer schrecklichen Krankheit sterben. Eine Party, umgeben von Leuten, die ihn lieben, wird ihn hoffentlich aus dieser trüben Stimmung reißen.

Sein bester Freund Marc und ich organisieren alles. Marc und ich lieben uns nicht. Marc und Theo hingegen kennen sich seit dem Kindergarten, können ganze Drehbücher auswendig, haben Spitznamen füreinander und waren, als sie beide noch Singles waren, praktisch unzertrennlich. Marc verdient sein Geld tagsüber als Versicherungsmakler und nachts als DJ.

Als ich anfing mit Theo auszugehen, war Marc ebenfalls in einer Beziehung, und wir besuchten oft zusammen irgendwelche Partys oder guckten uns die Oscar-Verleihung am nächsten Tag beim Brunch auf Video an. Marcs Freundin war ein bisschen älter und wollte unbedingt ein Baby haben. Nach ein paar Monaten, in denen sie es versuchten, strahlte sie. Sie sei schwanger, verkündete sie. Aber nur vier Wochen später erlitt sie eine Fehlgeburt. Und genau zu dem Zeitpunkt stellte ich fest, dass ich mit Sam schwanger war. Vielleicht ist das Leben so, aber manchmal kann es wirklich schrecklich sein.

Bald danach trennten sie sich, und Marc blieb Single. Gelegentlich hat er Beziehungen, die drei Monate dauern und bei denen er jedes Mal überzeugt ist, dass sie nun wirklich die Richtige ist.

«Und diesmal fühlt es sich anders an?», frage ich, um eine Verbindung zu ihm aufzubauen.

«Ja, irgendwie ist es diesmal … so anders», antwortet er und widmet sich seinem dritten Glas Wein.

Und wir müssen seine Freundin unbedingt kennenlernen, weil sie vielleicht diesmal die richtige ist. Aber sie ist es nie.

Marc lädt Theo regelmäßig zu Partys ein und versucht, ihn dazu zu bringen, dass sie beide an manchen Wochenenden etwas allein unternehmen. Er möchte, dass alles so ist wie früher, mit Theo und einem Haufen Single-Frauen abhängen und Wein trinken und bis zwei Uhr morgens *Mad Men* gucken. Marc findet, dass ich Theo kontrolliere, und ich finde Marc präpubertär. Und Theo? Er reißt Witze darüber, um die Wogen zu glätten. Bei mir scherzt er über Marc und wenn ich jetzt zurückdenke, dann hat er mit Marc wahrscheinlich genauso über mich geredet.

Bei der Planung der Geburtstagsparty kommen wir aber gut miteinander aus. Ein paar enge Freunde wissen, dass Theo sich Sorgen über sein Sprachvermögen macht. Keiner denkt im Traum daran, dass es etwas Ernstes sein könnte. Wir alle kennen Theo. Marc hat Kontakte zu dem Club, wo die Party stattfinden wird, und kümmert sich um Musik und Getränke. Ich lade heimlich Freunde und Familie ein.

Geplant ist: Ich führe Theo zu einem feinen Abendessen nicht weit vom Club entfernt aus.

Mein Bruder ist seit fünfundzwanzig Jahren glücklich verheiratet.

«Was ist das Geheimnis eurer Beziehung?», habe ich ihn einmal voller Staunen gefragt.

«Ich weiß es nicht. Wir sind wie ein Fels in der Brandung», antwortete er. «Und wir gehen jeden Samstagabend essen.»

«Honey, sollten wir nicht auch wie mein Bruder einen regelmäßigen Abend nur für uns haben?», frage ich beiläufig.

Für unser romantisches Abendessen zu zweit führe ich Theo in ein edles Restaurant aus. Wir bekommen etwas Köstliches vorgesetzt – kleine Portionen auf großen Tellern – und prosten uns zu. Seit neun Jahren sind wir zusammen, und für uns beide ist es die längste Beziehung. Durch das, was wir durchgemacht haben, wächst unsere Liebe nur noch weiter, das kann ich fühlen. Ich verschwinde in der Toilette, um Marc anzurufen, damit er «zufällig» am Restaurant vorbeispazieren kann.

«Was macht ihr zwei denn hier?» Marc spielt seine Rolle wunderbar.

Er lädt uns zu Livemusik in einer Bar auf der anderen Straßenseite ein. Wir kommen vorbei, sagen wir. Nachdem ich bezahlt habe, verdrücke ich mich wieder in die Toilette und gebe Marc das Signal, dass sich die Gäste in fünf Minuten verstecken sollen.

«Honey», sage ich, als ich wieder draußen bin, «ich bin nicht sicher, ob ich jetzt in irgendeinen Club und Musik hören möchte.»

«Lass uns kurz vorbeischauen, und dann gehen wir noch ins Kino», schlägt Theo unschuldig vor.

Dies ist ein schlagendes Beispiel dafür, wie man andere dazu bringt, das zu tun oder zu sagen, was man will, indem man sie um das Gegenteil bittet und davon ausgeht, dass die anderen einem nicht zustimmen werden. Das nennt sich umgekehrte Psychologie. Das nennt sich Bugs Bunny.

Es ist so viel leichter zu lügen, als ich dachte.

Alles läuft wie am Schnürchen.

Theo marschiert in den Club, und von allen Seiten springen die Gäste – die Kinder, die schon früher mit einem Babysitter gekommen sind, alte Klassenkameraden, seine Familie und unsere Freunde – hervor und schreien: «Überraschung!»

Theo ist sprachlos.

Freunde spielen live Musik, es werden lustige Geburtstagstoasts ausgebracht, wir tanzen und trinken Wodka. Noch heute gibt es Leute, die sagen, das wäre eine der besten Partys gewesen, die sie je besucht hätten. Und ich erlebte einen glücklichen Theo, umgeben von den Menschen, die ihn lieben. Ich glaube, das war genau das Richtige, damit er sich in seiner Haut wohl fühlt.

Zwei Tage nach der Party zieht Theo los, um Sam vom Fest zum siebten Geburtstag seines besten Freundes abzuholen. Der Vater fragt Theo scherzhaft, ob er immer noch betrunken sei. Offenbar lallt er, als er Sam abholt. Wir haben dergleichen noch nicht bemerkt. Es ist das erste Mal, dass jemandem außerhalb der Familie etwas auffällt und das auch sagt. Könnte es noch der Restalkohol von unserer Party sein? Vielleicht bleibt Alkohol wirklich so lange in der Blutbahn. Ich möchte glauben, dass es das ist, aber wenn ich ehrlich zu mir bin, weiß ich, dass es nicht sein kann.

Während mir der Magen brennt, als hätte ich zu viel Kaffee getrunken, sage ich so beiläufig wie möglich zu Theo:

«Vielleicht sollten wir einen Termin in der ALS-Klinik in Berlin vereinbaren.»

Im Wartezimmer blättere ich die Zeitschrift *Bunte* durch. Es ist eine alte Ausgabe mit Prinzessin Caroline von Monaco und Prinz Ernst August von Hannover auf dem Cover, der, das fällt mir in diesem Moment auf, Theo ähnlich sieht. Ich weiß nicht mehr, ob der Prinz gerade eine Affäre hatte oder ob sie sich kürzlich verliebt hatten. Ich glaube, die Prinzessin lächelte. Ich strecke meine Beine aus und trinke Wasser aus einem spitzen Becher des Wasserspenders. Auf den Pinnwänden hängen Fotos von ALS-Picknicks, Bilder der Hauptredner auf ALS-Galas, von ALS-Spendensammlern und ALS-Sensibilisierungskampagnen. Die Leute auf den Aufnahmen sehen krank aus. Theo hingegen wirkt in seinen Levi's-Jeans und seinen Camper-Schuhen kerngesund. Wir gehen die Liste mit Fragen an den Arzt durch und was der nächste Schritt sein wird, wenn der Arzt verkündet, womit wir rechnen: «Ich weiß es nicht», oder irgendeine Variante von: «Zum gegenwärtigen Zeitpunkt kann ich es nicht sagen.»

Die Schwester ruft Theos Namen auf, und wir lernen Dr. Thomas Meyer kennen, einen jungen, hippen Arzt mit John-Lennon-Brille, der sich sein Haar lang wachsen lässt, sodass er es sich hinter die Ohren stecken muss. Trotzdem fällt es ihm immer wieder ins Gesicht. Er bittet Theo, eine Faust zu machen, dann dreht er seine Hand um, löst die Finger und blickt auf die Handfläche, als wollte er aus Theos Hand lesen. Er schaut sich keinen der Berichte in der Krankenakte an.

Dann sagt er: «Strecken Sie bitte Ihre Zunge raus, bewegen Sie sie hoch und runter, dann hin und her, so schnell, wie Sie können.»

An diesem Punkt, wir haben gerade zehn Minuten mit der Untersuchung verbracht, wendet sich Dr. Meyer an uns und sagt: «Tja, ich würde sagen, es ist die erste Phase.»

Es ist, als hätte mir jemand einen Fußball in den Magen geschossen. Sofort fange ich an zu weinen. Heute kann ich mich an nichts mehr erinnern. Weder weiß ich, wie lange wir da waren oder was der Arzt sonst noch gesagt hat, noch, ob wir uns die Hände geschüttelt haben, als wir den Raum verließen. Ich habe keine Ahnung. Ich glaube, der Arzt hat uns sogar ein paar Broschüren mitgegeben. Arm in Arm gehen wir aus dem Krankenhaus in den Novembertag hinein.

Theo holt eine Zigarette heraus und zündet sie sich an, sobald wir die Straße erreicht haben. Er zieht heftig an der Kippe und inhaliert den Rauch, atmet ihn dann länger aus, als wollte er die Zeit dehnen. Wann hat er angefangen zu rauchen? Ich weine. Er nimmt mich in seine Arme. Ich kann ihn durch seine Lederjacke riechen. Der Zigarettenrauch vermischt sich mit der grauen Luft um uns herum und ich habe das Gefühl, als würden wir auf dem Scheiterhaufen verbrennen. Es war also nicht nur in seinem Kopf, wie ich dachte. Die Krankheit ist in Theos Körper, und ich habe ihm nicht geglaubt.

Wir beschließen, uns in die Delikatessen-Abteilung des KaDeWe zu begeben, und fahren in den sechsten Stock des Kaufhauses hinauf. Wir bestellen Austern und Champagner. Wir müssen uns über Wasser halten, auch wenn uns Ketten in die Tiefe ziehen und wir zu ertrinken drohen.

Wir sitzen da. Ich weiß noch, dass ich dachte, die Leute würden uns ansehen und etwas anderes denken. Das blieb bei mir haften: Man schaut die Leute an und kann es nicht sagen. Wir sitzen da, unsere Gedanken überschlagen sich. Es fühlt sich an wie eine außerkörperliche Erfahrung, wie in einem Woody-Allen-Film. Ich sehe mich mit Theo Champagner trinken und reden, als wäre ich eine Fremde. Was sollen wir machen? Ich mag Austern überhaupt nicht. Ich liebe dich so sehr, Honey. Ich liebe dich. Wir weinen. Es ist etwas Besonderes, zusammen in der Öffentlichkeit zu weinen. Es fühlt sich so nah an.

Wir beginnen ein Doppelleben zu führen. Tagsüber, wenn wir mit den Kindern zusammen sind, verhalten wir uns, als wäre nichts geschehen. Aber sobald die beiden in der Schule sind oder abends im Bett liegen, sitzen wir Seite an Seite vor unseren Laptops und suchen nach alternativen Therapien für ALS. Manchmal reden wir miteinander oder lesen einander laut vor, was wir gefunden haben. Es erinnert mich daran, wie ich am College für die Prüfungen gelernt habe, wenn es darauf ankam.

An den Abenden habe ich gewöhnlich mehr Zeit und suche im Netz und folge irgendwelchen Links. Selbst wenn ich dabei auf Seiten mit schrecklich traurigen Geschichten lande, kann ich nicht aufhören. Es ist, wie wenn man einen Betrunkenen hinterm Bahnhof hört, der sich gerade die Seele aus dem Leib kotzt, und man weiß, es ist eklig, aber schaut dennoch hin, weil die Verlockung hinzusehen größer ist als der Ekel und der Impuls, es nicht zu tun.

Eines Abends ist Theo unterwegs, und ich bleibe an einer Serie auf YouTube hängen, **A Love Story** – über einen jungen Mann mit ALS, einem Musiker. Die Anfangsbuchstaben stehen für beides. Ich kann gar nicht aufhören und muss zusehen, wie sich der Mann innerhalb einiger Folgen von einem Menschen, der in einer Band spielt, in jemanden in einem Rollstuhl und schließlich in ein Wesen verwandelt, das seine Gesichtsmuskeln nicht mehr bewegen kann, eine erstarrte Miene zur Schau trägt und eine Computerstimme benutzen muss. Theo kommt nach Hause, während ich noch mitten in einer Folge bin, in der die Schwester den Körper des Mannes auf die Seite dreht, um ihm die Windeln zu wechseln, und ihn fröhlich säubert, während seine langen, steifen Beine, die Füße in Wollsocken, ins Bild ragen. Ich klappe schnell den Computer zu, und wir beginnen mit gedämpften Stimmen zu reden.

«Was wollen wir machen?»

Mir kommt es wie eins dieser Gedankenspiele vor: Wenn du nur noch ein Jahr zu leben hättest, was würdest du tun? Nur diesmal ist es kein Spiel. Wir sprechen darüber, mehr Diagnosen einzuholen oder Heiler zu finden und über alles andere. Dann steht Theo auf, lehnt sich an unsere Kommode und sagt: «Du musst dir Gedanken darüber machen, einen anderen Tanzpartner zu suchen, wenn ich tot bin.»

«Ach, Honey. Hör auf so zu reden. Uns fällt schon was ein», sage ich, durchquere das Zimmer und umarme ihn. «Und solange wir nicht drei Ärzte finden, die dir die exakt gleiche Diagnose stellen, bin ich nicht einmal sicher, dass es ALS ist», füge ich hinzu und schaue zu ihm auf. «Dr. Meyer hat noch nie jemanden geheilt. Soll ein Arzt nicht Leben retten?»

Ich lasse meine Arme sinken und mustere ihn.

Ob Theo mir zuhört oder in Gedanken woanders ist – ich kann es nicht ausmachen.

Die ALS-Community ist eine sehr kleine Welt, und in den einschlägigen Zeitschriften und Studien tauchen weltweit immer wieder dieselben Expertennamen auf. Wir waren als Erstes bei Dr. Meyer in Berlin. Er hat bei Prof. Dr. Ludolph in Ulm studiert, und so vereinbaren wir gleich einen Termin bei ihm.

Ich rufe unseren Babysitter an und sage den Kindern, dass ich mit Dada für eine Nacht wegfahre. Wir haben das früher schon gemacht, vielleicht nicht in so kurzen Abständen, aber die Jungs ahnen nichts.

Ich informiere mich auf Trip Advisor, was man in Ulm, der schönen, kleinen Stadt an der Donau, an einem Tag unternehmen kann. Ich möchte diese Arztbesuche in romantische Abenteuer verwandeln. Wir nehmen einen frühen Zug, geben unser Gepäck ab und machen uns dann auf den Weg zum Ulmer Münster. Es hat den höchsten Kirchturm der Welt, jedenfalls so lange, bis La Sagrada Familia in Barcelona noch nicht fertiggestellt ist. Wir steigen langsam die 768 Stufen hinauf, und Theo hat überhaupt keine Mühe damit.

Wie ein Arzt, der ein Kind ablenkt, wenn er ihm eine Spritze geben muss, damit es den Schmerz nicht so spürt, habe ich – das weiß ich – Theo zu sehr abzulenken versucht: Hey, schau mal diese Aussicht! Was ist das da drüben für ein Gebäude? Ich wollte, dass Theo seine schreckliche Krankheit vergisst. Wahrscheinlich hätte ich neben ihm sitzen sollen, nichts sagen, keine Versprechungen abgeben, sondern nur da sein, wenn die Nadel in seine Haut eindrang und er vor Schmerz aufschrie.

Am nächsten Tag treffen wir Dr. Ludolph, einen älteren Mann mit tiefliegenden Augen und hängenden Lidern. Er sieht aus wie ein französischer Barmusiker.

Er untersucht Theo und sagt ohne ein zögerliches Schwanken in der Stimme: «Ja, ich stimme Dr. Meyers Diagnose zu.»

Tränen laufen mir über das Gesicht. Ich versuche tapfer zu sein. Eigentlich war mir Dr. Ludolph gerade noch sympathisch gewesen.

Theo fragt: «Wie genau stirbt man an ALS?»

«Es ist vielleicht gut oder beruhigend zu wissen, dass Sie nicht ersticken werden.» Der Arzt sieht mich an und hofft wohl, dass mich das besänftigen wird und ich aufhöre zu weinen.

«Es ist, als würden Sie einen sehr hohen Berg erklimmen und das Kohlendioxid nicht ausatmen können», fährt er fort. «Sie verlieren das Bewusstsein und sterben ganz friedlich.»

«Was für eine alternative Behandlung würden Sie empfehlen? Welche lohnt es sich näher anzuschauen?», gelingt es mir zu fragen.

«Wenn es mich beträfe», sagt der Arzt zu uns wie ein freundlicher Onkel, «würde ich lange Wanderungen mit meiner Frau unternehmen.»

Ich bin erzogen worden in der Haltung, «Alles wird gut», «Das ist sicher nichts» und «Auch das geht vorbei». Den letztgenannten Spruch ließ sich meine Freundin nach ihrer Krebserkrankung auf den Arm tätowieren. Aber was passiert, wenn es nicht gut wird, wenn es doch etwas ist, wenn es nicht vorbeigeht?

Nach der ersten Diagnose beginne ich wieder zu laufen. Meine Lehrerin in der sechsten Klasse, Ms. Dolan, ging auch laufen, und eines Tages fragte sie mich, ob ich sie begleiten wolle. Sie redete mit mir nicht wie mit einem Kind, sondern als wäre ich auf Augenhöhe mit ihr. Ich bin dann während der Highschool-Zeit jeden Tag nach der Schule laufen gegangen, am Wochenende in der heißen Nachmittagssonne in den Straßen von Brooklyn. Das war, bevor die Leute anfingen, wegen des Sonnenschutzes in Panik zu geraten. Vielleicht lag es auch daran, dass man mit siebzehn glaubt, ewig zu leben. Ms. Dolan ist recht jung an Hautkrebs gestorben.

Seit meiner Teenagerzeit habe ich beim Laufen Gedankenspiele gespielt. Ich führte Selbstgespräche wie: «Wenn du noch eine Extrarunde drehst, wird dieser süße Typ dich bestimmt anrufen», oder: «Wenn du es bis zu der Straßenlaterne schaffst, kriegst du den Job.» Und so nahm ich an, dass das hier auch geschehen könnte. Wenn ich noch weiterlaufe, wird Theo überleben. Ich kann ihn retten, weil es das ist, was liebende Menschen tun. Wenn ich es nur stark genug will, wird es auch geschehen.

Die nächsten beiden Wochen sind ein Wirbelwind aus Versuchen, so viel Informationen zu ergattern wie möglich, so viel Sex zu haben wie möglich und bis in die frühen Morgenstunden zu reden. Fucking our way out of this fucked up reality. So intensiv haben wir nicht mehr gelebt, seit wir uns verliebten.

Ich spreche mit dem Mann meiner besten Freundin Catherine. Er ist zwanzig Jahre älter als ich und Professor, jemand, der von einem starken moralischen Kompass geleitet wird, ohne einem auf die Nerven zu fallen. Dabei wirkt er immer noch ein bisschen hippiemäßig, trägt Bart und lässt sich einmal im Jahr die Haare schneiden. Ihn frage ich immer, wenn ich Rat in rechtlichen Dingen brauche – seien es wichtige Unterlagen, Versicherungen, eine Patientenverfügung, Krankenhausbelange oder unfreundliche Vermieter.

Catherines Mann hat alle möglichen Szenarien für unverheiratete Paare geprüft und meint schließlich, das Einfachste wäre, wenn wir heirateten. Da wir ja schon ein Paar und seit neun Jahren zusammenleben, scheint es das Beste und Naheliegendste zu sein. Ich überlege und recherchiere auch nicht mehr weiter, denn, ehrlich gesagt, mir gefällt diese Idee. Ich wollte Theo die ganze Zeit schon heiraten. Von all den Frauen, mit denen er zusammen gewesen ist, wäre ich diejenige, mit der er nicht nur ein Kind hätte, sondern die er auch heiraten würde – der höchste Ausdruck der Liebe. Auch wenn die Idee zunächst aus praktischen Gründen aufs Tapet gekommen ist, beschließen wir, ein Fest daraus zu machen.

«Wir wissen nicht, was geschehen wird. Das ist das Einzige, was wir mit Sicherheit sagen können», meine ich zu ihm, als würde ich einen Klienten coachen. «Vielleicht kannst du eines Tages nicht mehr mit Sam Fußball spielen», fahre ich fort, «aber was wir den Kindern damit über das Leben vermitteln, ist umso wertvoller. Wie man aus jedem Tag das Beste macht. Wie man das Leben so intensiv wie möglich lebt. Die Liebe überwindet alles.»

Ich spreche nicht über den Tod, sondern nur über das Leben. Und wenn ich mich selbst reden höre, leuchtet mir das auch ein. All die Klischees klingen wahr. Sie wären keine Klischees, wenn sie nicht auch wahr wären. Darum geht es doch bei diesen Weisheiten, den Ratgebern, bei Oprah Winfrey, den buddhistischen Kalendersprüchen. Und für einen Sekundenbruchteil sehe ich das zukünftige Leben mit Theo vor mir, er sitzt in einem Rollstuhl, und ich habe keine Angst. Unsere Freunde sind da, Henry und Sam, wir lachen, sind glücklich und ganz und lieben uns.

«Ja, das machen wir», antwortet Theo.

An jenem Abend ruft Theo meinen neunzigjährigen Vater an, um ihn zu fragen, ob er mich heiraten darf. Meinem Vater, der ein recht traditioneller Mensch ist, wird das gefallen, das ist uns nur zu bewusst. Ich filme Theo dabei, wie er mit meinem Vater telefoniert. Theos Stimme klingt schon sehr verhuscht, er ist schwer zu verstehen, aber damals habe ich keinen Unterschied gehört. Mein Vater ist ziemlich taub, und die Kombination aus Theos unklarer Artikulation und der Taubheit meines Vaters führt zu einem äußerst komischen Telefongespräch mit viel Geschrei.

«Gil, ich möchte deine Tochter heiraten.»

«Sprich langsam, darling, ich kann dich nicht verstehen.»

Dann unterbricht ihn meine Mutter und schreit meinem Vater zu, dass es um unsere Hochzeit geht. Wir jubeln alle übers Telefon, über den Atlantik hinweg und verbergen vor unseren Lieben Geheimnisse, weil wir unsere Lieben lieben.

Wir setzen das Datum für unsere Hochzeit fest: direkt nach unserer Israelreise. Wir brauchen immer noch die dritte Diagnose – die magische Zahl drei –, und ich finde, wir sollten noch eine Meinung außerhalb Deutschlands einholen.

5. KAPITEL

«Es ist ein Wunder, ich bin ein neuer Mensch»

Rabbi Shmuelevitz, der extrem eingeschränkt und, was die einfachsten Grundbedürfnisse anbelangt, vollkommen von der Hilfe anderer abhängig war, stand eines Tages plötzlich wieder auf beiden Beinen und nahm seinen Unterricht an der zentralen Mirrer Yeshiva wieder auf, der er vorsteht.

«Nur ein paar Tage nach meiner Behandlung begann sich mein Leben zu verändern», sagt er lächelnd. «Es ist wirklich ein Wunder des Himmels. Aufgrund dieser neuartigen Behandlung bin ich ein neuer Mensch.»

Die Behandlung, die für diese dramatische Verbesserung von Rabbi Shmuelevitz' ALS verantwortlich war, wurde von einer israelischen Biotech-Firma namens Brainstorm entwickelt und basiert auf der Transplantation von Stammzellen aus dem eigenen Knochenmark, die anschließend mit einer neuartigen Technologie behandelt werden. Dies war das erste Mal, dass diese Behandlung eingesetzt worden war, und bestimmte Medikamente, die weder von der amerikanischen FDA noch auf dem europäischen Markt zugelassen sind, waren hier in Israel zugänglich.

Ich glaube, weil ich mein Land verlassen habe und in ein anderes gezogen bin, lerne ich immer wieder Menschen kennen, die das Gleiche getan haben. Ich kenne also eine Menge Leute überall auf der Welt, die eigentlich von woandersher stammen, und ich beschließe, dieses Netzwerk zu nutzen. In einer globalen Welt zu leben bedeutet mehr, als an jeder Straßenecke einen McDonald's zu finden. Es kann eben auch etwas Gutes sein. Ich notiere eine Liste von Menschen, die ich in den verschiedensten Ländern kenne. Bis zu der Ice Bucket Challenge im Jahr 2014 ist ALS praktisch unbekannt und man spricht kaum darüber, also schreibe ich immer: «Was Stephen Hawking hat.» Wir bekommen viele Reaktionen, von nicht glauben können bis nicht glauben wollen, Aussagen über die allgemeine Lebenserwartung bei ALS von einem bis drei Jahren, aber auch Informationen über Ernährung, Akupunktur und tibetanische Mönche. Ich frage zurück: «Welche Behandlung für ALS gibt es in euren Ländern?»

Irgendwie gelingt es mir, jedes Jahr die drei, vier wichtigsten jüdischen Feiertage zu begehen, mit ein bisschen Unterstützung durchs Internet und einigen jüdischen Freunden, die nichtjüdische Deutsche geheiratet haben. Dieses Jahr erkundigt sich einer jener Freunde, ob er eine andere Freundin, Stephanie, mit ihrer Tochter mitbringen kann, die gerade zu Besuch ist. Stephanie ist vor zwanzig Jahren von Washington D.C. nach Tel Aviv gezogen, an diesem Pessach ist sie zufällig in Berlin.

Wir ergreifen die Gelegenheit sofort. Ich schreibe ihr.

Liebe Stephanie,
wir durchleben gerade eine sehr schwierige Lebensphase. Theo ist vorläufig mit einer wirklich schrecklichen Krankheit diagnostiziert worden – bulbäre ALS, auch Lou-Gehrig-Syndrom genannt, was Stephen Hawking hat, aber eine andere Form. Es ist alles noch ganz frisch, und wir müssen immer noch viel recherchieren und andere Meinungen einholen. Die

Kinder wissen nichts davon, und wir machen eins nach dem anderen. Ich habe beschlossen, dich anzusprechen, auch wenn wir uns kaum kennen, weil ich versuche, Kontakt zu Menschen und medizinischen Einrichtungen in anderen Teilen der Welt aufzunehmen. Wenn du irgendeine Verbindung zu Neurologen hast, lass es mich wissen. Bitte entschuldige, dass ich so schlechte Nachrichten übermitteln muss.

Stephanie schreibt zurück:

Oh Syd, das hört sich wirklich scheußlich an. Nachdem ich etwas über die Krankheit gelesen habe, glaube ich, dass ihr all eure Kräfte brauchen werdet, um dagegen anzukämpfen. Ich werde tun, was in meiner Macht steht, um euch irgendwie zu helfen. Es tut mir unendlich leid, dass ihr euch mit einer solch grausamen Krankheit herumschlagen müsst. Aber du scheinst ein sehr starker Mensch mit einer wunderbaren, eng verbundenen Familie zu sein. Das Leben kann manchmal wirklich brutal sein.

Folgende Namen tauchten bei meinen Nachforschungen immer wieder auf: Prof. Vivian Drory, eine internationale Spitzenforscherin, was ALS anbelangt; sie arbeitet in Tel Aviv (hat aber an der Ruprecht-Karls-Universität in Heidelberg studiert). Das hier scheint auch sehr interessant – einige klinische ALS-Behandlungsversuche, die am Hadassah Hospital in Jerusalem mit NurOwn durchgeführt wurden, einem potenziell bahnbrechenden Medikament, das von der FDA noch nicht zugelassen wurde und in den USA (und wahrscheinlich auch in Europa) nicht erhältlich ist.

Ich kratze hier nur an der Oberfläche, aber es sieht so aus, als würde EINE MENGE darüber geforscht. Besonders, weil einer der erfolgreichsten israelischen Geschäftsleute, Dov

Lautman (der 2007 den Israel-Preis gewonnen hat), auch an ALS erkrankt ist und viel Geld und Energie in die Behandlung investiert hat. Er wird ebenfalls von Dr. Vivian Drory behandelt.

Ich werde dich unterstützen, wo ich nur kann. Israel ist oft eine gute Quelle für medizinische Wunder. Ich habe das Gefühl, dass ihr euch eines Tages auf den Weg hierher machen werdet,

alles, alles Liebe,
Stephanie

Medizinische Wunder, bahnbrechende Technologie, EINE MENGE Forschung wird hier betrieben, EINE MENGE Geld investiert, wir sind eine eng verbundene Familie, und wir werden das hier in den Griff kriegen. Ich schöpfe neuen Mut.

Sofort schreibe ich eine E-Mail an die Spitzenärztin Dr. Vivian Drory, die auch Dov Lautman behandelt. Ich weiß, es ist ungewiss, ob sie auch nur antworten wird, aber den Versuch ist es wert.

«Mein Mann ist mit ALS diagnostiziert worden. Wir hätten gern noch eine andere Meinung. Besteht irgendeine Aussicht, dass wir einen Termin bei Ihnen bekommen können?»

Nach ein paar Minuten schreibt sie schon zurück: «Natürlich.»

Das ist Israel. Es ist ein kleines Land, also geht alles ein bisschen schneller, die Leute sind schneller, die Sprache – alle unterbrechen einander fortwährend, als wäre ihnen klar, dass die Zeit nicht reicht; wer weiß, vielleicht sterben wir alle morgen, also mach schon, yalla.

Schenk mir ein Wunder, Rabbi. Abgehakt. Schenk mir eine Stammzellentherapie. Abgehakt. Und dann hat zufällig einer der erfolgreichsten israelischen Geschäftsleute, Dov Lautman, ein Gewinner des Israel-Preises für sein Lebenswerk, auch ALS. Abgehakt. Abgehakt. Dies ist das Land der Hoffnung und des Fortschritts. Jeder mit ALS möchte ins Land der Verheißung.

«Honey, lass uns ein paar Wunder besorgen. Lass uns nach Israel fahren», sage ich zu Theo.

«Wunder! Ein Wunder, ein Wunder ist geschehen», beginne ich das Lied aus *Anatevka* zu singen und erzähle den Kindern von der großen Überraschung. Zu diesem Zeitpunkt wissen sie noch nicht, dass Theo krank sein könnte. Sie ahnen auch nichts. Wir haben beschlossen, es unseren Kindern und Eltern erst dann zu erzählen, wenn wir eine dritte gleichlautende Diagnose haben, denn warum sollten wir sie erschrecken, wenn es am Ende darauf hinauslief, dass Theo gar nichts hat?

«Ratet mal!», sage ich zu Henry und Sam.

«Was denn?», fragen sie gleichzeitig.

«Wir machen alle zusammen in den Frühjahrsferien eine große Reise nach – Trommelwirbel bitte», verkünde ich, während sich auf ihren Gesichtern erwartungsvolle Spannung abzeichnet, «Israel!»

«Israel!», rufen sie aufgeregt, weil sie die Aufregung in meiner Stimme bemerkt haben.

«Auf nach Aqaba!», sagt Theo, wie so häufig einen Ausruf von Peter O'Toole in seiner Rolle als *Lawrence von Arabien* zitierend.

«Aqaba», wiederholen die Kinder. Wir alle machen mit bei dem Spaß.

Henry sagt zu Sam: «Das heißt, wir reiten Kamele.»

Und dann jubelt Sam noch lauter: «Ich kann's kaum erwarten!»

Nur ein paar Wochen zuvor, an einem Sonntag, als wir gerade in der Museumsausstellung über Ritter und Schwerter, die wir besuchten, eine Pause einlegten, haben wir den Kindern bei Schokoladenkuchen verkündet: «Wir haben Neuigkeiten für euch.»

Ich blickte Theo an und dann Henry und Sam, die am Tisch saßen. Wir waren wirklich eine eng verbundene Familie.

«Theo und ich werden heiraten.»

Es bedeutete den Jungs mehr, als ich angenommen hatte. Für Henry hieß es, dass er wieder eine Familie hatte, und für Sam, dass wir alle zusammen waren und das feierten.

«Familien-Umarmung», sagte Henry.

Und wir standen alle auf und umarmten uns.

Für die Jungs schien das Leben immer besser und besser zu werden.

Wir landen in Israel. Als die israelische Sicherheitskontrolle mich nach dem Grund für meinen Besuch fragt, antworte ich: «Ich bin Jüdin», und das ist mehr als genug für die Beamten. In Berlin, das muss ich nicht eigens erklären, ist Jüdin zu sein so eine Sache – ein geheimnisvoller, exotischer Schleier umhüllt einen. Leute steuern ungefragt und gerne unpassende Informationen bei – ich liebe die Juden, ich habe einen israelischen Volkstanzkurs gemacht –, und dann werden einem Fragen über den Holocaust und die israelische Politik an den Kopf geworfen. Aber hier bedarf «Ich bin Jüdin» keiner weiteren Erklärung.

Es ist mein erster Besuch in Israel und wenn die Kinder nicht dabei sind, scherze ich mit Theo herum, dass «mein Volk» ihn retten wird. Am nächsten Tag sind die Kinder bei der Familie meiner Freundin Stephanie. Sie trinken frische Säfte an der Straßenecke und probieren, wie Hummus eigentlich schmecken soll. Und Theo und ich fahren nach Tel Aviv zu unserem

Termin bei Dr. Drory. Natürlich benutzen wir dabei nicht Google Maps, sondern Waze, ein im Start-up-Paradies Israel erfundenes Navigationssystem.

Glauben wir, was wir glauben wollen? Oder ist es, wenn man sein Leben in der Wüste verbracht hat, vielmehr unmöglich, sich vor einem heraufziehenden Schneesturm zu fürchten, weil man keine Vorstellung davon hat? Meine Kinder hatten keine Vorstellung von dem Sturm, der über uns kommen sollte, weil alles in ihrem Leben bis zu diesem Punkt so gut gelaufen war. Sie fragten nie, wo wir hinfahren oder warum sie uns nicht begleiten dürfen. Was für eine Erklärung wir ihnen auch gaben, sie akzeptierten diese.

Vom ersten Augenblick fühlt sich bei Dr. Drory alles anders an. Sie begrüßt uns mit Umarmungen und einem Lächeln. Theo erkundigt sich, wie es dem neuen Aushängeschild, dem Geschäftsmann Dov Lautman, geht. Sie behandelt ihn seit zehn Jahren, was sehr viel länger als die üblichen ein bis drei Jahre ist, die bei ALS zu erwarten sind. Es ist also schon ein Wunder, dass er überhaupt noch lebt.

Dr. Drory erzählt uns: «Oh, ich habe ihn erst letzte Woche gesehen, und er hat gefragt, ob wir uns auf weitere zehn Jahre einigen können, und dann haben wir unseren Pakt mit einem Handschlag bekräftigt.»

Theo sagt, er hätte auch nichts gegen einen solchen Pakt einzuwenden, und dann schütteln sie sich die Hände.

Die Atmosphäre hat etwas Spielerisches, und Dr. Drory wirkt wie ein Spielverderber, als sie Theo bittet, sich auf den Untersuchungstisch zu setzen und sein Hemd auszuziehen.

Er hat abgenommen. Die Ärztin untersucht seinen Oberkörper, Rücken und Arme. Sie öffnet und schließt seine Hände. Sie bittet ihn, die Zunge auszustrecken. Sie fragt, ob er noch andere Faszikulationen hat, außer denen in seiner Zunge.

«Haben Sie sie irgendwo anders an Ihrem Körper beobachtet?»

Theo sagt: «Manchmal bemerke ich sie an meinen Beinen.»

Ich mische mich sofort ein, bevor das auch nur eine Sekunde länger in der Luft schweben kann.

«Ich bemerke die nie.»

Habe ich auch nicht.

Die Ärztin sagt: «Also, ich kann sonst auch nichts entdecken.»

Aha, dann habe ich doch recht, und Theo bildet sich das alles nur ein.

«Haben Sie Schluckschwierigkeiten?», fragt Dr. Drory.

Er hat keine Schwierigkeiten zu schlucken. Wir albern praktisch nur herum. Sie nimmt ihre Brille ab und blickt uns an.

«Ich sehe schon, dass da etwas mit Ihrer Zunge ist, aber vielleicht ist es eine Läsion. Was ich tun würde, was ich Ihnen wirklich empfehlen kann», fährt sie fort, «nachdem ich Ihre Berichte gelesen habe: Sie sollten noch eine EMG durchführen lassen. Diese Untersuchung wiederholen. Das kann hier geschehen, aber Sie könnten auch wieder zurück an die Charité in Berlin, die sind gut da. Irgendetwas ist hier komisch.»

Und damit bestätigt sie das, was ich die ganze Zeit schon empfunden habe. Ich könnte herumhüpfen und sie küssen. Irgendetwas ist komisch, und Theo hat offenbar nicht die tödlichste Krankheit der Welt.

Theo und ich blicken uns kurz an und sagen dann wie aus einem Mund: «Wir machen die EMG noch mal, hier in Tel Aviv, und ja, gleich morgen.»

Auf der Rückfahrt, wir wollen die Kinder abholen, stellen wir das Radio laut und hören Popsongs mit israelischen Kommentaren. Die Klimaanlage stellen wir auf Durchzug. Es ist der erste Seufzer der Erleichterung nach Monaten. Bald wird alles vorbei sein. Wir wiederholen immer wieder Dr. Drorys Worte – irgendetwas ist komisch, vielleicht eine Läsion der Zunge –, als wäre es ein Gedicht.

Als wir in unser Hotel zurückkehren, schreibe ich an all unsere Freunde auf unserem privaten Facebook-Forum *Freunde für Theo*: «Die Ärztin glaubt, dass es eine Läsion der Zunge ist. Morgen weitere Untersuchungen. Daumen drücken.»

Alle reagieren mit Likes. «Ich wusste es», schreibt einer.

«Drücke Daumen und große Zehen», antwortet ein anderer.

An diesem Abend geben wir unseren leicht sonnenverbrannten Kindern einen Gutenachtkuss, streamen *Hangover 2* und schlafen eng umschlungen ein.

Am nächsten Morgen finden wir uns in dem großen Krankenhaus in Tel Aviv ein. Es ist überfüllt und chaotisch, man muss haufenweise Formulare ausfüllen, und überall stehen Warteschlangen. Oft wissen wir gar nicht, wo wir uns anstellen müssen. Ich möchte, dass Theo möglichst ruhig bleibt, und so reihe ich mich in die Schlange ein. Zu diesem Zeitpunkt glaubte ein Teil von mir immer noch, dass ich den Ausgang der Untersuchung beeinflussen könnte. Dass ich sein Schicksal, mein Schicksal, unser Schicksal durch mein Handeln kontrollieren könnte. Wenn ich einem Obdachlosen Geld gab oder besonders höflich zu der Frau war, die die Formulare entgegennahm, würde sich bestimmt alles in Wohlgefallen auflösen.

Als wir feststellen, dass im Krankenhaus keine Kreditkarten akzeptiert werden, lasse ich Theo im Wartezimmer sitzen und laufe zu einer Bank, um am Geldautomaten Schekel abzuheben, und kaufe noch eine Flasche Wasser. Ich kann es nicht erwarten, dass dies alles vorbei ist und wir wieder unseren Gin Tonic trinken und darüber lachen können, wie viel Angst wir hatten. Dann ist das Ganze hier nur noch eine irre Geschichte.

Dr. Drory, die an diesem Tag in ihrem weißen Laborkittel wie eine Ärztin aussieht, begrüßt uns und bringt uns in einen Raum am Ende des Flurs. Sie stellt uns ihrem Assistenten Eli vor, der die EMG durchführen wird.

«Guten Morgen und vielen Dank, dass Sie sich die Zeit nehmen.» Ich trete mit feierlich ausgestreckter Hand und etwas befangen auf den Assistenten zu.

Er blickt einmal zu mir auf und wendet sich dann wieder seiner Arbeit zu. Ich setze mich irgendwo hin, wo ich nicht im Weg bin.

Theo muss sich hinlegen. Er blickt auf den Untersuchungstisch, während er sich zurücklehnt, und scheint überrascht, dass der Tisch keine Nachgiebigkeit besitzt wie eine Matratze, sondern eine feste Oberfläche bietet. Der Assistent führt die erste Nadel in Theos Knöchel ein und sagt ihm, er solle anspannen, dann entspannen, anspannen, entspannen, anspannen, entspannen. Es wirkt wie die merkwürdigste Ballettstunde auf Erden. Die Nadelelektrode wird direkt in den Muskel eingeführt und zeichnet die elektrische Aktivität auf. Der Assistent arbeitet sich das eine Bein hoch und dann das andere wieder hinunter. Stich um Stich wird die Nadel in Theos Magen eingeführt, seine Arme, die Stirn, den Hinterkopf und schließlich in seine Zunge. Manchmal ruckelt der Assistent ein bisschen mit der Nadel. Die Wellen auf den Monitoren schlagen nach oben aus, nach unten, und dasselbe knatternde Geräusch, das ich bereits bei der ersten EMG in Berlin gehört habe, füllt den Raum.

Ich sitze auf einem Stuhl, wo ich nicht störe, aber noch nah genug bin, dass ich allem folgen kann. Dr. Drory blickt auf den Monitor und redet mit ihrem Assistenten auf Hebräisch. Ich spreche kein Hebräisch außer ein paar Pessach-Gebeten und Masel Tov. Außerdem habe ich eine Million Mal *Anatevka* gesehen. Dennoch versuche ich händeringend ihrem Ton und ihrer Stimme irgendetwas zu entnehmen. Sagt sie etwas Gutes oder etwas Schlechtes? Schreit sie? Warum schreit sie? Oft scheint es, dass Menschen, die fremde Sprachen sprechen, wütend erscheinen, auch wenn das gar nicht der Fall ist. Sieht Dr. Drory gerade glücklich aus? Hat sie Tov gesagt?

Und in diesem Moment fällt mein Blick auf Theos Beine, die unter seinem papierdünnen Kittel hervorragen. Ich bemerke Faszikulationen. Zuckungen in seinen Beinen. Das ist nicht gut, denke ich. Ich blinzele und versuche es ungeschehen zu machen, was ich gerade gesehen habe. Auf einmal spüre ich etwas Hartes in meiner Brust, das sich dort festgesetzt hat wie ein Tier in einer Falle, und ich begreife, dass es mein Herz ist, das mir plötzlich im Hals schlägt.

Nach einer Stunde ruft die Ärztin uns wieder herein. Wir treten in ihr Büro. Dr. Drory sitzt hinter ihrem Schreibtisch. Bevor sie den Mund öffnen kann, spreche ich stillschweigend mit der Stimme, die ich als junges Mädchen benutzt habe, um mit Gott zu sprechen, wenn ich mir einen Freund wünschte oder dass ich nicht flachbrüstig bliebe: Bitte, lieber Gott, bitte, bitte, bitte, mach, dass es gut ist.

Theo verlagert sein Gewicht auf dem Stuhl und beugt sich vor, als suche er nur nach einer bequemeren Position.

Dr. Drory nimmt ihre Brille ab, blickt uns über den Schreibtisch hinweg an und sagt: «Es tut mir leid.»

Leid? Was zum …? Ich dachte, Ärzte sagen nie, dass ihnen etwas leidtut.

«Jetzt sehe ich, was die anderen Ärzte gesehen haben. Ja, die

Diagnose ist korrekt. Es tut mir leid, dass ich keine anderen Neuigkeiten für Sie habe», erklärt sie.

Ich habe das Gefühl, jemand hätte mir auf die Ohren geschlagen, weil ich nur ein Pochen vernehme und die Stimme der Ärztin nicht länger hören kann. Mein Herz, das mit einem Klammerpflaster voller Hoffnung geflickt wurde, wird aufgerissen. Angst und Trauer überschwemmen die Zugänge.

Theo schlägt die Beine übereinander, den Ellbogen auf dem Knie, seine Hand bedeckt den Mund. Ich bemerke die weiße Haut seiner Beine über den schwarzen Socken. Warum trägt er schwarze Socken in Israel? Er nickt, als lausche er auf Musik, die irgendwo anders gespielt wird.

Als wir gehen, sagt er zu mir, dass er darauf vorbereitet gewesen war. Er scheint von Anfang an darauf vorbereitet gewesen zu sein, aber was mich anbelangt, ich habe mir jedes Mal etwas anderes erhofft.

Am nächsten Tag fahren wir in die Wüste, um ein paar Nächte mit Beduinen in Zelten zu verbringen. Ich habe das im Voraus gebucht, um uns allen ein Erlebnis fürs Leben zu verschaffen, wie es in der Anzeige hieß. Und jetzt stolpere ich über den Begriff «Erlebnis fürs Leben» und versuche zugleich ein Gespräch über unseren bevorstehenden Ausflug zum Toten Meer zu vermeiden. Vielleicht ist mein Glaubenssystem naiv. Ich habe immer geglaubt, wenn man mehr gute Erfahrungen sammelt als schlechte, dann ist das Leben gut. Die guten Erfahrungen heben die negativen auf. Einfache Rechnung.

Wir vier sitzen auf bequemen Teppichen und Kissen im Zelt, und uns wird ein köstliches Gericht nach dem anderen serviert. Wir spülen das unglaubliche Essen mit Zitronenlimonade und frischem Minztee herunter. Hinterher sitzen Theo und ich am Lagerfeuer unter dem mit Sternen übersäten Himmel. Es ist wie in einer Szene aus einem Science-Fiction-Film. Wir reden über das Leben – L'Chaim. Da draußen ist ein riesiges Universum. Ich weiß, dass ich in meiner Panik und Angst nicht oft genug hochgeschaut habe.

6. KAPITEL

Ich will. Ich will.

Weil ich bereits verheiratet war und geschieden wurde, ist es nicht einfach, als Amerikanerin in Deutschland wieder zu heiraten. Es genügt nicht, die Scheidungsunterlagen vorzulegen, man muss auch noch nachweisen, dass man zuvor die Ehe geschlossen hat, und ich konnte die Heiratsurkunde nicht finden. Man kann natürlich argumentieren, dass man, wenn man geschieden wird, vorher verheiratet gewesen sein muss, aber wie bei Teenagern sollte man es sich genau überlegen, wann man sich mit deutschen Bürokraten anlegt. Theo und ich treffen eine weise Wahl und beschließen, in Kopenhagen zu heiraten.

Kopenhagen ist das Las Vegas der europäischen Welt, unkompliziert und süß wie Toast mit Butter um zwei Uhr morgens. Ich rufe das Standesamt in Kopenhagen an, und die erste Frau, mit der ich spreche, ist überaus freundlich und hilfsbereit. Sie klingt wie Anna von IKEA. Ja, ich weiß, es ist ein anderes Land, aber für meine unerfahrenen amerikanischen Ohren klingt es nicht anders.

Meine Hochzeitsplanung besteht aus einem fünfzehnminütigen Anruf. Die Frau schildert mir ein paar Locations, wo die Zeremonie stattfinden könnte. Es ist unglaublich einfach. Sehr wenig Papierkram.

«Oh, ihr könnt euch aussuchen, wo ihr euch trauen lassen wollt. Im Rathaus, im Botanischen Garten oder auch in einem Museum», sagt die freundliche Frau.

«Museum hört sich gut an. Wir nehmen ein Museum», erwidere ich.

Dann suche ich bei Airbnb nach einer Unterkunft.

«Wir kommen mit unseren beiden Kindern, um in Kopenhagen zu heiraten», schreibe ich, und die Wohnungsangebote gehen immer einher mit den Glückwünschen Fremder, die uns überzeugen wollen, bei ihnen zu wohnen. Sie möchten das gute Karma. Es scheint, als hätte die Hochzeit schon begonnen. Wir treffen unsere Wahl:

> PRÄCHTIGES PENTHOUSE
> Dieses wundervolle, frisch renovierte Penthouse liegt im obersten Stock und strahlt eine besondere Energie aus. Es eignet sich sowohl für Flitterwochen als auch für Geschäftsreisende. Das Apartment erstreckt sich über 120 Quadratmeter – es gibt ein Schlafzimmer mit Doppelbett und ein großes Bett im Wohnzimmer.

Am nächsten Nachmittag mache ich mich in der Nachbarschaft auf die Suche nach einem Hochzeitskleid und finde gleich im ersten Geschäft etwas Passendes. Es ist ein kurzes, weißes Kleid, schön, nicht teuer, es sitzt perfekt, und ich kann dazu meine Lieblings-Secondhand-High-Heels tragen (etwas Altes). Meine Freunde möchten, dass die Hochzeit so schön wie möglich für mich wird. Ich soll sie genießen. Eine Freundin leiht mir ihre Jacke (etwas Geliehenes) und näht blaue Knöpfe daran (etwas Blaues). Sie alle bestehen darauf, eine Junggesellinnen-Abschiedsparty für mich zu schmeißen, mit Cocktails und schlüpfrigen Geschenken. Wir lachen viel und haben Spaß in einer Rooftop Bar, aber irgendwann fragt mich eine meiner Freundinnen, wie Theo und ich uns kennengelernt haben.

Ich beginne mit unserer ersten Begegnung im Café: «Kannst du mir bitte ein Stück Zeitung rausreißen?» Doch auf einmal kann ich nicht weitersprechen. Tränen strömen mir übers Gesicht. Meine Freundinnen trösten mich, wechseln kurze Blicke und versuchen, die Stimmung wieder zu heben.

Wir heiraten in Kopenhagen, vier Monate nach der ersten Diagnose. Zwischen den Arztbesuchen, der Reise nach Israel und all den Bemühungen, unserem Leben einen normalen Anstrich zu geben, haben wir Probleme, auch nur ein freies Wochenende zu finden. Heiraten wir voller Hoffnung oder aus Angst? Wir wünschen uns die Hoffnungsvariante – Getränke für alle, Essen ohne Ende, Geld spielt keine Rolle, gebt uns einfach nur Hoffnung.

Aber nach der Israelreise geht es weniger um Hoffnung als darum, zu verhindern, dass die Angst in das Haus unseres Lebens eindringt wie durch eine offene Kellertür.

Ich muss an den Sommer denken, als ich vier Jahre alt war und mit meinen Eltern nach Maine fuhr. Ich hatte so viele Mückenstiche, kleine Pusteln überall auf meinen Armen und Beinen. Selbst meine Augenlider waren geschwollen, und meine Mutter kaufte mir meine erste Sonnenbrille. Wir fuhren zu einem Vergnügungspark, und ich ging ins Spiegelkabinett und stand vor den Zerrspiegeln. Fasziniert starrte ich auf mein dickes Ich, mein dürres Spaghetti-Ich, das Ich mit dem Riesen-Eierkopf, die Tausenden von Ichs. Später, zurück in unserem Ferienhaus, stellte ich mich auf den Toilettensitz, um im Spiegel zu überprüfen, welches Ich wirklich ist.

In den wenigen Wochen vor der Trauung blickte ich ebenfalls in den Spiegel und entdeckte dort nur das Hochzeits-Ich.

Ich weigerte mich zu glauben, dass das bloß eine verzerrte Version von mir war.

Wir warten draußen vor dem Thorvaldsen-Museum in der Morgensonne, gemeinsam mit all den anderen Paaren, die heiraten wollen. Viele lesbische Paare, mehrere Paare auf Fahrrädern, eine großartige Stimmung. Henry und Sam tragen passende Anzüge mit hellblauen Hemden. Theo hat sich in seinen besten Zwirn geworfen, und ich habe mein schönes Kleid an. Wir sehen richtig glamourös aus im Vergleich zu den Leuten um uns herum, die lässiger gekleidet sind, in Hosen, Sommerkleidern und Jeans. Dann öffnen sich die großen Holztüren, und der Kaplan in seinem langen Gewand lässt alle in die große Eingangshalle. Umgeben von Marmorstatuen römischer Götter warten wir, knipsen Selfies von unserer Familie, bis wir an der Reihe sind und in den wunderschönen Innenhof des Museums geführt werden.

Henry beginnt den Hochzeitsmarsch auf seiner Trompete zu spielen, die er mitgebracht hat. Sam steht neben ihm, während Theo und ich uns an den Händen halten und auf die Mitte des leeren Raums zuschreiten. Dann stehen die Jungs neben uns, jeder auf einer Seite. Sie sind unsere Trauzeugen. Wir vier halten uns alle an den Händen. Henry und Sam holen die Ringe aus ihren Anzugtaschen und überreichen sie uns. Wir sprechen nicht die üblichen Standardformeln, in guten und in schlechten Tagen oder bis der Tod uns scheidet. Es ist ganz schlicht und skandinavisch.

Theo sagt: «Ja, ich will.»

Ich sage: «Ja, ich will.»

Es ist, als würden wir offiziell verkünden, dass wir eine Familie sind. An diesem Nachmittag trinken wir Champagner und essen gehobenes Smörgåsbord. Am Abend beschließen wir, nur Pasta zu uns zu nehmen und in unserem Airbnb-Penthouse

Die Unglaublichen anzusehen. Theo und ich kaufen schnell in einem Supermarkt ein, und er sagt, dass es seltsam ist, dass seine Familie nicht einmal versucht hat, zur Trauung zu kommen. Sie haben uns per SMS gratuliert und auf die Fotos reagiert, die wir geschickt haben, aber keiner von ihnen hat sich die Mühe gemacht, nach Kopenhagen zu reisen, obwohl es wirklich nicht weit entfernt ist.

«Wenn mein Vater noch leben würde, hätte er darauf bestanden, dass alle zusammen feiern», sagt Theo.

Ich stimme ihm zu. Das war die erste Familienfeier nach seinem Tod.

Die nächste große Feier findet wieder in Berlin statt. Wir kehren zurück, und nur zwei Wochen später startet unser großes Hochzeitsfest in Berlin. Ich habe herumgefragt und eine schöne Villa in zentraler Lage gefunden. Sie ist recht teuer, und so bitten wir all unsere Freunde, etwas zu essen mitzubringen. Picknick-Hochzeit an einem besonderen Ort. Ein anderer guter Freund kümmert sich um die Getränke. Theos bester Freund Marc legt auf.

Oft möchte man sich weismachen, dass etwas, solange man es nicht laut ausspricht, auch nicht existiert. Deshalb haben Generationen von Menschen, vermute ich, das Wort Krebs bloß geflüstert. Die meisten unserer Freunde wissen inzwischen, dass Theo erkrankt war, aber es gab immer noch einige wenige, die nicht eingeweiht waren. Hauptsächlich unsere Eltern und Kinder.

Anfangs, als die Situation noch unklar war, hatten wir uns überlegt, dass wir sie nicht unnötig beunruhigen wollten, und als die Diagnose dann feststand, schoben wir dieses Gespräch immer wieder auf.

Es gibt noch ein paar kostbare, krankheitsfreie Luftblasen

in unserem Leben. Leute, die nicht fragen – na, wie *geht's*, mit diesem speziellen Unterton, sondern beiläufig und leichthin, wie das Leben eben so ist bis zu dem Tag, an dem es nicht mehr so ist. Theo ist ohnehin nicht sehr gesprächig. Er ist mehr der Typ, der hier und da, hin und wieder einen witzigen Kommentar einwirft. Und entweder bemerken die Leute nicht, dass sich in seiner Sprache etwas verändert hat, oder sie trauen sich nicht zu fragen. Theo erzählt den Leuten, er ließe noch weitere Untersuchungen durchführen, und das hält die Konversation in Gang. Und genau das wollen wir auch, das Gespräch am Laufen halten, besonders weil es gerade gut läuft. Das Letzte, was man will, ist jemand, der uns in die Parade fährt.

In Berlin haben wir auch eine Zeremonie organisiert. Ein Freund nimmt die Trauung vor, andere Freunde machen mir eine Chuppah, wir treten auf das Glas wie bei einer traditionellen jüdischen Hochzeit. Und wie in Kopenhagen wird Henry wieder den Hochzeitsmarsch spielen.

An unserem großen Tag kommt Henry aus der Schule nach Hause, und ich sage zu ihm: «Wo ist denn deine Trompete?»

Er wird ganz weiß im Gesicht. «Ich glaube, die habe ich in der U-Bahn liegen gelassen.»

Ich flippe aus. Ich springe auf und ab wie eine wütende Zeichentrickfigur. Übers Festnetz rufe ich beim Fundbüro der U-Bahn an und gleichzeitig mit dem Handy das Fundbüro Berlin. Jedes Mal werde ich in eine Warteschleife umgeleitet, lege auf und wähle erneut, als würde das die Sache irgendwie beschleunigen.

Bevor ich erneut auf die Wahlwiederholung drücken kann, klingelt plötzlich mein Handy. Es ist die Polizei in Brandenburg.

«Haben Sie vielleicht etwas verloren?», fragt der Polizeibeamte.

«Ich habe eine Trompete verloren», erwidere ich.

«Na, dann haben Sie aber Glück. Wir haben eine Trompete gefunden. Jemand hat bei uns eine abgegeben, mit Ihrem Namen und Ihrer Telefonnummer darin.»

«Oh, mein Gott. Ich kann es gar nicht glauben. Danke schön!»

«Sie haben die Trompete gefunden», rufe ich Henry, Sam und Theo ungläubig zu.

«Ich heirate in ein paar Stunden. Das ist eine wunderbare Nachricht. Danke!»

Auf einmal fällt mir ein, dass man mindestens eine Stunde bis nach Brandenburg braucht und dass es Freitagnachmittag ist und wir kein Auto haben und uns gerade auf die Hochzeit vorbereiten.

«Gibt es irgendeine Möglichkeit, dass Sie uns die Trompete zukommen lassen können?», frage ich mit derselben Kühnheit, als würde ich Queen Elizabeth bitten: «Würden Sie mir eine Tasse Tee machen, Liebes?»

Die Polizeibeamte sagt: «Wir kümmern uns darum. Der Mann, der sie abgegeben hat, hat gemeint, er könne sie zurückbringen. Ist es in Ordnung, wenn wir ihm das Instrument mitgeben?»

Und da löst sich die weltberühmte deutsche Bürokratie plötzlich in Wohlgefallen auf. Kein Wunder, dass ich immer noch daran glaube, Theos Krankheit könne wieder verschwinden.

«Natürlich, das ist in Ordnung», sage ich.

Und auf diese Weise hat es Martin, ein Erzieher in Jeans und T-Shirt, auf all unsere Hochzeitsfotos gebracht. Er war der Held, der die Trompete zurückbrachte, und alle wollten mit ihm anstoßen.

Kürzlich schrieb Martin mir aus heiterem Himmel: «Ich weiß nicht, ob du dich an mich erinnerst? Ich bin der, der die

Trompete rechtzeitig zur Hochzeit vorbeigebracht hat. Ich denke oft an jenen Tag und das großartige Fest. Wie geht es euch allen?»

Darauf musste ich antworten. Ich zögerte. Es ist hart, wenn man geglaubt hat, man sei als Held in einer Liebesgeschichte aufgetreten, und dann stellt sie sich als Tragödie heraus.

Unsere Hochzeit ist eine Riesenfeier mit vielen lustigen Reden (keine aufgewühlten traurigen), Diashows, Trinken und Tanzen. Um ein Uhr nachts fahren die Kinder mit einer Babysitterin nach Hause, und wir und einige der Gäste ziehen weiter durch die Nacht. Es hat tagsüber stark geregnet, aber irgendwann hat es aufgehört, der Himmel hat aufgeklart, und es ist ein wunderschöner warmer Abend geworden.

Ungefähr zehn Freunde begleiten uns ins Kumpelnest 3000, die berühmte Bar in Berlin, Theo in seinem perfekt sitzenden Anzug, ich in meinem kurzen Hochzeitskleid. Es ist eine verrückte Location, Teppiche an den Wänden, eine Mischung aus spelunkenhaft, kultig und cool. Wir bestellen Drinks, und dann beginnen Theo und ich auf dem Bürgersteig vor der Bar zu tanzen. Theo wirbelt mich herum, ich lasse mich fallen, dann tanzen wir langsam. Die Leute kommen und gehen. Die Nacht ist jung und das Berliner Nachtleben lang. An der Ecke steht eine Prostituierte. An Theos Schulter gelehnt fange ich an zu weinen. Es ist das letzte Mal, dass es so sein wird, denke ich, dies ist das Ende. Der romantische Teil ist vorbei.

Theo und ich haben vereinbart, den Kindern nach der Israelreise von der Krankheit zu erzählen, dann nach der dritten bestätigten Diagnose, nach der Hochzeit und nach Sams 7. Geburtstag. Wir haben es immer wieder vor uns hergeschoben, weil wir wussten, wenn wir es ihnen erzählten, würde ihre heile, sorglose Kindheit einen Knacks bekommen.

Es ist Zeit.

Theo sagt: «Ich möchte es Henry und Sam sagen, aber getrennt voneinander.»

Wir beschließen, dass Theo alle Fragen beantworten wird, die die Jungs stellen. Wir werden den Tod jedoch nicht erwähnen, wenn sie nicht von selbst darauf kommen. Es ist nicht wie bei einer anderen Krankheit, wo es einen Zeitplan und eine Behandlung gibt. Man weiß so wenig über ALS. Als würde man ein Buch auf dem Flohmarkt finden, das nur das letzte Kapitel enthält und aus dem alle vorherigen Seiten rausgerissen sind.

Theo beschließt Henry vom Trompetenunterricht abzuholen. Später erzählt mir Henry, dass er das irgendwie komisch fand. Theo sagte: «Komm, wir setzen uns einen Moment zusammen hin.» Sie ließen sich auf einer Bank vorm Buchladen an der Ecke nieder. Was Henry noch merkwürdiger fand, denn es war gar nicht warm draußen.

«Du hast schon mal von Neuronen gehört, oder?», begann Theo. «Wir haben Milliarden davon, und die Motoneuronen sind wie Boten des Gehirns, die den Muskeln befehlen, was sie tun sollen.»

«Tja, meine Boten sind ein bisschen kaputt», fuhr er dann fort. «Ich habe mich untersuchen lassen, weil ich wegen meines Sprechens besorgt war, das hast du ja mitbekommen. Und jetzt habe ich etwas, das ALS heißt.»

«Aber wenn die Boten die Botschaften nicht direkt an die Muskeln schicken können, können sie sie nicht auf irgendeinem anderen Weg schicken?», fragte Henry. «Also, weißt du, Papa, du kannst eine Nachricht ganz schnell übers Internet verschicken oder einen Brief mit dem Briefträger. Dann dauert es länger, er kommt aber auch an.»

Sam verstand das Ganze überhaupt nicht.

«Aber du klingst normal, Dada», sagte er und wollte spielen.

Beide Jungen kamen danach zu mir und fragten, ob ich es gewusst habe.

«Ja, das wusste ich», antwortete ich.

Dann, nach einem Augenblick des Schweigens, fügte ich hinzu: «Wollen wir alle zu Ciaobello gehen?»

Direkt nachdem Theo es den Kindern erzählt hat, leite ich einen Workshop in New York. Ich bin erleichtert, dass ich es meinen Eltern persönlich sagen kann und nicht übers Telefon. Theo, die Kinder und ich werden alle zusammen in einem Monat in die Staaten fliegen, um zum dritten Mal zu heiraten. Insgeheim denke ich, es könnte das letzte Mal sein, dass meine Eltern Theo sehen werden, das letzte Mal, dass er in einem Flugzeug fliegt. Er könnte bereits in einem Jahr tot sein. Meine Eltern sitzen zusammen auf dem Sofa. Ich habe mir einen Stuhl aus dem Esszimmer geholt, um mich ihnen gegenüberzusetzen.

«Warte mal – Auszeit. Wollen wir nicht zuerst Nachtisch essen? Möchtest du einen koffeinfreien Kaffee?»

Meine Mutter ist berüchtigt für ihre vielen Fragen. Wenn Gandhi mit meiner Mutter aufgewachsen wäre, hätte er sich das mit der Gewaltfreiheit vielleicht noch mal überlegt.

«Mom, Dad. Theo hat die Diagnose erhalten, dass er ALS hat, das Lou-Gehrig-Syndrom», erkläre ich.

«Oh Gott», sagt mein Vater.

«Was bedeutet das?», fragt meine Mutter.

Ich lächele. «Wir gehen es Schritt für Schritt an. Jetzt freuen wir uns erst einmal, dass wir alle bald zusammen herkommen. Die Kinder können es kaum erwarten, euch zu sehen, und die Hochzeit wird ...»

Hey, schau mal, da ist etwas oben am Himmel, ein Flugzeug, es ist … Ratsch – das Pflaster ist ab! Wieder einmal wirkt die Ablenkung perfekt.

Wir waren in Israel, haben unsere drei Diagnosen bekommen, hatten unsere erste Hochzeit in Kopenhagen, die nächste in Berlin, dann haben wir alle über Theos Krankheit informiert, wir haben getan, was wir tun konnten. Und nun sind wir bereit, zu unseren jährlichen Sommerferien in New York aufzubrechen und zu unserer dritten Hochzeit. Drei Hochzeiten. Wenn Sie jetzt an *Vier Hochzeiten und ein Todesfall* denken, ich auch. Theo und ich machen sogar Witze darüber.

Er hat entdeckt, dass Marihuana ihm hilft. Es verhindert Panikattacken und verbessert sein Sprachvermögen. In Berlin ist es überhaupt kein Problem, sich Marihuana zu besorgen. Ich habe seit dem College kein Marihuana mehr geraucht, aber ich beginne gemeinsam mit Theo auf dem Balkon Joints zu drehen, damit er nicht allein mit seinen Gedanken ist und nicht denken muss, dass das alles nur medizinische Maßnahmen sind.

Als wir unsere Reise nach Amerika planen, überlege ich, wie wir in den Staaten an Marihuana kommen sollen.

Ich rufe meine einzige Quelle an, meinen guten Freund Daniel. Auf dem College haben wir immer zusammen geraucht.

Ich schreibe ihm, dann skypen wir. Ich möchte Marihuana nicht mal erwähnen, ich bin ein wenig paranoid, also schreibe ich eine verschlüsselte Mail. «Erinnerst du dich an diese Abende im College, an denen wir Poker gespielt und Philip Glass gehört haben? Weißt du noch, was wir sonst noch gemacht haben? Theo braucht das.»

Er schreibt zurück: «Ich weiß, was du willst, und ich kann's besorgen.»

Mein Bruder, der bei der New Yorker Stadtverwaltung im Parks Department arbeitet, holt uns vom Flughafen ab. Auf dem Rückweg frage ich ihn, ob wir kurz bei meinem Freund Daniel anhalten können, weil ich kürzlich dort mein Ladegerät vergessen habe. Da ich ein paar Wochen vorher in New York gewesen bin, habe ich mir das schnell ausgedacht. Wir halten vor dem schicken Apartmenthaus mit Doormen an der Upper Westside. Daniel hat das Marihuana in eine Kaffeedose mit Kaffee drum herum gestopft, damit man es nicht riecht. Ich betrete mit einer großen Handtasche seine Wohnung und packe die Kaffeedose ein. Dann hole ich mein Ladegerät heraus und marschiere lässig wieder aus dem Gebäude. Mein Bruder weiß heute noch nicht, dass das seine erste Drogentour war.

Wir erreichen unser Sommerdomizil in Cold Spring, New York. Theo und ich rauchen jeden Abend Marihuana auf der hinteren Veranda und kichern ziemlich unerwachsen herum. Es hilft uns, für einen Moment alles zu vergessen. Eines Abends funktioniert das Kabel für den Fernseher nicht, und so schreiben wir an den Mann, von dem wir das Haus gemietet haben, und er antwortet: «Mein Nachbar kommt morgen vorbei und bringt das in Ordnung.»

Am nächsten Tag besucht uns der Nachbar, und es stellt sich heraus, er ist Polizist.

Ich denke bei mir: O Scheiße, wenn er das Marihuana riecht und unsere Vorräte findet, hält er uns für internationale Drogenhändler. Schnell öffne ich die Fenster und koche Kaffee, um den Geruch zu überdecken. Am Abend, als wir wieder Marihuana rauchen, lachen wir darüber.

Wir sind bei meinen Eltern. Theo sitzt neben meinem Vater auf der Couch. Inzwischen kann er gar nicht mehr sprechen, er muss schreiben, um zu kommunizieren.

Ein wenig ist es, als wenn man neben jemandem im Bus sitzt,

der stinkt. Es ist so schlimm, dass man glaubt, sich umsetzen zu müssen. Und nur ein paar Minuten später riecht man ihn nicht mehr. Man hat sich daran gewöhnt.

Mein Vater kauert dicht neben Theo mit seinem Laptop auf dem Sofa. Er liest, was Theo schreibt, und antwortet. Er ist der perfekte Gefährte für meinen Vater. Das richtige Tempo ohne jede Eile. Das kommt mir in den Sinn, als ich die beiden betrachte. Es wirkt überhaupt nicht seltsam. Ich habe mich daran gewöhnt. Ich erinnere mich, wie mein Vater fragt: «Wie hoch ist die Wahrscheinlichkeit?»

Er erzählt Theo, dass er Schuldgefühle empfindet, weil Anne Frank sich am selben Tag in ihr Versteck begab, an dem er in Yale zu studieren begann, am 6. Juli 1942.

«Wie hoch ist die Wahrscheinlichkeit, dass ich in dem einen Teil der Welt geboren werde und sie in einem anderen und dass mein Leben an genau dem gleichen Tag beginnt, an dem ihres endet?», sagt mein Vater zu Theo. «Wie groß ist die Wahrscheinlichkeit, dass gerade du diese Krankheit bekommst? Ich wünschte, ich könnte sie dir abnehmen.»

Meine Cousine Nena veranstaltet in jenem Sommer unsere dritte Hochzeitszeremonie in ihrem Haus in New Jersey. Sie lädt meine Freunde und die gesamte Familie ein, es gibt köstliche Speisen und eimerweise Champagner auf Eis. Fotos von Theo und mir und uns vieren hängen im ganzen Haus, mit bunten Wäscheklammern befestigt. Meine Cousine hat mir eine Maniküre spendiert, und ich lasse mir die Haare machen. Es ist meine Hochzeit, und ich möchte schön aussehen. Als ich zurückkomme, um mich umzuziehen, wirft sich Theo gerade in seinen schicken Anzug und stellt fest, dass er die dazugehörigen Schuhe vergessen hat.

Er lacht nur darüber, aber ich bin wirklich empört: «Wie

konntest du nur deine Schuhe vergessen? Bedeutet dir all dies denn gar nichts?»

«Es sind doch nur Schuhe, wen interessiert das?»

Er muss sich vom Sohn meiner Cousine Sneakers leihen.

Viele meiner Freunde sind Schauspieler oder waren früher am Theater, und so beschließen wir, Scharade zu spielen. Weil Theo nicht mehr so klar sprechen kann, ist es das perfekte Spiel. Er ist nämlich nicht nur sehr schlagfertig, er kann auch mit Gesten und Körpereinsatz sehr komisch sein.

Ich erinnere mich jetzt, wie er mit den Jungs und mir die Straße entlanggeht und dabei Monty Pythons *Das Ministerium für alberne Gänge* vorführt. Wir lachen, und die Kinder versuchen ihn nachzuahmen, während er weit ausholende, zappelnde Schritte mit seinem rechten Bein vollführt und dabei den Oberkörper ganz gerade hält. Seine langen Beine flattern durch die Luft. Es kommt mir so vor, als würden wir in einer anderen Welt leben.

Als die Party zu Ende ist, warten meine Freunde auf einen Uberfahrer, der sie abholen und nach Manhattan und Brooklyn zurückfahren wird. Wir umarmen uns alle. In jener Nacht schlafe ich beim Summen der Klimaanlage und vom Champagner benebelt ein. Also gut, wir hatten drei Hochzeiten.

Jahre später sagte meine Freundin Anne, dass der Augenblick, als wir heirateten und den man als den Höhepunkt unserer Beziehung ansehen könnte, zugleich der Augenblick war, an dem unser Ende begann. Wie in einer griechischen Tragödie. Ich dachte, die Diagnose sei der Anfang von unserem Ende gewesen. Aber zu meiner Überraschung gab es einen anderen Anfang von einem anderen Ende, eines, das ich mir nie hätte träumen lassen.

Während des Sommers frage ich die Kinder, als wir einmal allein sind: «Meint ihr, dass Dada anders klingt?»

Beide sagen: «Nein, überhaupt nicht.»

Dann kommt der Herbst, und eines Tages erkundigen sie sich, als wir die Treppe hochsteigen, beinahe flüsternd, ob ich auch Schwierigkeiten hätte, Theo zu verstehen. Die habe ich. Wir finden alle drei, dass selbst wir ihn inzwischen kaum noch verstehen können.

HERBST

AUSEINANDERFALLEN Falle siebenmal hin und dann bleib auf dem verdammten Boden liegen, idealerweise in der Embryonalstellung, bis es warm genug ist zum Aufstehen.

7. KAPITEL

Breaking Bad

Meister Lim, ein thailändischer buddhistischer Mönch, der an der Society for the Study of Shamanism, Healing and Transformation lehrt und in San Francisco lebt, ist beeindruckt davon, dass Theo einen so weiten Weg zurückgelegt hat. Er berührt seinen Rücken und seinen Kopf und bringt ihm Übungen bei, die Theo, das ist seine Hausaufgabe, trainieren soll. Sie verbringen eine Stunde zusammen, und am Ende sagt Meister Lim, das Wichtigste sei eine positive Einstellung.

«Man kann nicht geheilt werden, wenn man negativ eingestellt ist.»

Willkommen in der Welt der Esoteriker. Wir bestimmen ein paar Grundregeln. Theo wird nur zu Heilern gehen, die Freunde von uns persönlich kennen und mit denen sie überzeugende Erfahrungen gesammelt haben.

Die Schwester meiner besten Freundin Catherine in San Francisco, eine Immigrationsanwältin und absolut nicht esoterisch, empfahl Meister Lim, weil sie mit ihm nur Gutes erlebt hat. Als sie Krebs hatte, ein Non-Hodgkin-Lymphom, suchte sie Meister Lim auf. Er erklärte ihr, der Krebs würde verschwinden, während er beiläufig seine Hände auf verschiedene Stellen ihres Körpers legte. Er sagte ihr, sie solle in drei Tagen wiederkommen, was sie tat, und er wiederholte die Prozedur. Bei ihrem nächsten Arztbesuch, kurze Zeit später, tastete der Arzt nach dem Haupttumor, und er war verschwunden. Das ist wirklich passiert. Das ist kein Quatsch aus dem Internet. Das ist passiert und lässt uns glauben, es könne wieder geschehen.

Neben Noam, dem Feldenkrais-Lehrer und Wunderheiler aus Israel, der Tibeterin, die Theos Urin untersucht hat, und der Heilerin Heike, die glaubt, dass Theo in seinem früheren Leben jemandes Zunge abgeschnitten hat, der chinesischen Akupunkteurin in dem nicht ganz so tollen Viertel in Berlin, die wegen ihrer komisch riechenden Tees und der Kopfschmerzen, die Theo nach jeder Sitzung verspürt, so überzeugend wirkt, gibt es drei, die aus der Menge hervorstechen.

Einen besuchen wir gleich nach der ersten Diagnose. Es ist ein älterer Arzt, der wie Bernie Sanders aussieht, mit zerrauftem Haar und Härchen, die ihm aus den Ohren und an anderen Stellen sprießen. Er meint, dass fast alle Krankheiten mit der Ernährung zu tun haben. Er hat viele Bücher und Aufsätze geschrieben, die die Pharmaindustrie wegen ihrer Betrügereien und Gier anprangern.

Medikamente gegen ALS zu entwickeln lohnt sich nicht für die Branche, weil die Menschen mit dieser Krankheit nicht lange genug leben. Mit einer Krankheit wie multipler Sklerose kann man mehr als zwanzig Jahre verbringen oder sogar eine normale Lebenserwartung haben. Bei ALS sterben die meisten Menschen nach wenigen Jahren.

Dieser Mann ist ein Held. Er hat keine Zeit fürs Aufhübschen und Herausputzen.

«Bestimmte Nahrungsmittel rufen bestimmte Reaktionen im Körper hervor. Mit einer hohen Dosierung von Vitaminen vornehmlich aus der B-Gruppe, die auf der neurologischen Ebene wirken, sollte sich Theo innerhalb von sechs Wochen besser fühlen, selbst wenn es ein paar Monate dauern sollte, bis alles wieder funktioniert», erklärt er, und ich kann ihm immer noch folgen.

Er beginnt über Mitochondrien zu sprechen, die die Zellen mit Energie versorgen, und dass, wenn sie verklumpen, Dysfunktionen eintreten. Ich komme nicht mehr mit, bin aber froh, weil Theo alles zu verstehen scheint. Außerdem nehmen wir den Vortrag des Arztes heimlich mit meinem Handy auf, um ihn später noch einmal anzuhören. Am Anfang habe ich mir noch Notizen gemacht, aber es ist zu viel. Ich kann nicht versuchen, den Arzt sachlich zu verstehen, und gleichzeitig darauf achten, ob er uns Hoffnung gibt.

Auf einmal steht er auf und bittet Theo: «Laufen Sie in einer geraden Linie von hier nach da.»

In dem Zimmer voller Bücher und Kletterpflanzen erhebt sich Theo von seinem Stuhl. Er geht in einer geraden Linie wie ein Seiltänzer auf dem Boden.

«Also, jetzt schauen Sie sich das mal an», sagt der Arzt, als wollte er Theo präsentieren.

«Ich wette um einen Dollar mit Ihnen, dass er kein ALS hat», fährt er fort und schaut mich an.

Einen Dollar? Er sagt einen Dollar, nicht einen Euro. Einen Dollar. Ich liebe diesen Mann. Wie großzügig von ihm. Er möchte mich glücklich machen. Er weiß, dass mich das glücklich macht. Und er macht einen Scherz. Man macht um Himmels willen doch keinen Scherz, wenn jemand im Sterben liegt.

In jener Nacht schlafen wir ein, zwischen uns das iPhone, während wir den Erklärungen des Arztes zu nitrosativem Stress lauschen.

Acht Wochen lang probiert Theo seinen neuen Ernährungsplan aus, einschließlich all der Vitamine, die wir eigens bestellen müssen. Es tritt keine Veränderung ein. Doch die Zeit ist kostbar, und Theo hat derart abgenommen, dass wir neue

Löcher in seinen Gürtel stanzen müssen. Ich höre dauernd die Worte der ALS-Ärzte in meinem Kopf: «Sie müssen zunehmen. Mit ein paar Kilos mehr leben die Leute länger.»

«Nur sechs Minuten täglich. Lesen Sie den *Healing Code*», empfiehlt uns die Akupunkteurin in Hamburg, die sich unsere Geschichte angehört hat.

Der Healing Code ist ein Bestseller mit Zitaten auf der Umschlagrückseite wie diesen:

> Nach nur drei Monaten, in denen ich den *Healing Code* praktiziert hatte, bin ich zu dem Chirurgen zurückgekehrt, der mich als Erster diagnostiziert hatte. Er führte einen EMG-Test durch, um Symptome des Lou-Gehrig-Syndroms nachweisen zu können, und fand, dass alle entsprechenden Symptome zu hundert Prozent verschwunden waren. Ich bin seit März 2004 symptomfrei.

Schon auf der Zugfahrt nach Hause bestelle ich bei Amazon Exemplare auf Deutsch und Englisch für uns und viele unserer Freunde. Es sind einfache Übungen, und sie bedürfen nur sechs Minuten pro Tag. Kein Grund, es nicht auszuprobieren.

Ich argumentiere Theo gegenüber: «Wir wissen nicht, woher diese Krankheit kommt. Wenn sie so unvermutet auftaucht, kann sie sehr wahrscheinlich auch wieder so unvermutet verschwinden.»

Laut dem *Healing Code* gibt es vier Haltungen, die den vier Heilungszentren des Körpers entsprechen: Brücke (zwischen Nasenrücken und Augenbrauen), Adamsapfel, Kinn, Schläfen. Mit den Fingerspitzen zielt man auf diese Zentren, ohne sie zu berühren. Als würde man Licht auf sie fallen lassen, hält man die Fingerspitzen ein paar Zentimeter entfernt vom Körper.

Die Übungen werden einmal am Tag für sechs Minuten durchgeführt, aber es wird empfohlen, dreimal am Tag zu trainieren. Dann spricht man ein Gebet, gerne in eigenen Worten, dass die negativen Vorstellungen, die ungesunden Überzeugungen, die zerstörerischen Zellerinnerungen verschwinden und man selbst oder ein geliebter Mensch durch das Licht, die Liebe Gottes blah blah blah geheilt wird. Wie gesagt, man kann es in seinen eigenen Worten formulieren. Ich tue das. Außerdem recherchiere ich im Internet nach diesem Mann, dem Co-Autor des Buches, der von ALS geheilt worden ist. Und nun lebt er ein gesundes Leben. Wie soll man das erklären? Das konnte ich nicht, also habe ich es auch versucht.

Nachts kurz vorm Einschlafen beginnen Theos Gedanken zu rasen, und die Ängste, die er den Tag über unterdrückt hat, kommen hoch.

Es ist dunkel, und ich kann hören, wie er sich herumwälzt.

«Honey, habe ich dir je die Geschichte erzählt, die ich gehört habe, als ich ein Kind war? Über dieses neunjährige Mädchen?»

Ich liege auf seinem Oberkörper. Er trägt das verschlissene hellblaue Chicago-T-Shirt, in dem ich ihn kennengelernt habe.

«Sie hatte Krebs. Ich weiß nicht mehr welchen, nur, dass ich erschüttert von dem Gedanken war, dass Kinder sterben könnten. Ich dachte, nur alte Menschen sterben. Diese Neunjährige ging jede Nacht schlafen. Damals war Pac-Man richtig populär. Ihr hattet Pac-Man auch hier in Deutschland, oder?», frage ich ihn.

«Ja», sagt er. Er hört mir zu.

«Also, sie stellte sich jeden Abend, bevor sie einschlief, Pac-Man vor, wie er die kleinen Krebsflecken wegfrisst. Und dann wachte sie eines Tages auf, und sie hatte keinen Krebs mehr.

Die Ärzte konnten sich nicht erklären, was geschehen war. Sie waren verblüfft und ratlos.»

Es ist eine wahre Geschichte. Wir gucken *Lass es, Larry* und schlafen dann ein.

Als Theo nicht mehr daran glaubt, dass der *Healing Code* helfen wird, finden wir etwas Neues, was wir ausprobieren können. Das Schlimmste ist, nichts zu tun und zu erstarren. Es fällt ihm schwer sich vorzustellen, dass der Geist über die Materie triumphiert und alles Willenssache ist. Dabei hat er es als Kind geliebt, kleine Zaubertricks vorzuführen. Er erzählt mir die Geschichte, wie er und seine Geschwister als Teenager in den Sommerferien waren. Sie konnten einen erwachsenen Mann auf seinem Stuhl fast bis zur Decke heben, bloß mit ihren Fingerspitzen. Wir haben diesen Trick sogar einmal bei einer Party ausprobiert, und er hat funktioniert. Ich kann es nicht erklären, aber es haut einen um.

Doch meine ständigen Fragen: «Hast du deine Übungen gemacht? Du musst deine Übungen machen. Nur sechs Minuten, komm schon», werden zur Qual.

Und als Theo langsam davon abkommt, tue ich es auch. Der *Healing Code* ist Geschichte.

Eine Weile später entdecken wir eine Heilerin, eine Britin, die mit Engeln spricht.

Sie nennt es nicht Energie, sondern Engel. Selbst ich, die ich praktisch alles glaube – wenn mir jemand erzählt, er habe gerade Elvis im Supermarkt gesehen, frage ich, der dünne Elvis oder der dicke? –, finde es schwer, das ernst zu nehmen. Ich verdrehe die Augen und sage: «Na schön, es kann ja nicht schaden.»

Als Theo seine erste Diagnose bekam, fing er mit autogenem Training an, eine Art Meditation, um zur Ruhe zu kommen.

In dieser geführten Meditation musste er sich einen schönen Ort vorstellen, eine große, grüne Wiese, und dann bloß warten und sehen, wer auftaucht. Jedes Mal, wenn er diese Meditation machte, tauchte sein Großvater, der Vater seines Vaters auf. Niemand anderes, nur sein Großvater.

Theos Vater lebte im Schatten seines eigenen Vaters, voller Bedürfnis nach Anerkennung, und wurde ein wichtiger Geschäftsmann. Dinge, die Männer tun, um geliebt zu werden. Als Theos Vater zweimal bankrott ging, übertrug er diese Fixierung auf den Erfolg auf seinen Sohn Theo. Theo war der Liebling seines Vaters. Das war offensichtlich. Wenn Theo am Familientisch scherzte oder erzählte, lachte der Vater und schlug auf den Tisch und wiederholte seine letzten Worte. Sie sahen einander sogar ähnlich.

Die Engelheilerin spricht kurz mit Theo am Telefon. Zu diesem Zeitpunkt kann er noch sprechen. Sie stellt ihm keine persönlichen Fragen, will nur sein Geburtsdatum wissen. Sie erklärt, sie würde sich in Trance versetzen und ihm dann erzählen, was die Engel sagen.

Am nächsten Tag ruft sie Theo wieder an. Wir hören ihr gemeinsam am laut gestellten Telefon zu.

«Es war nicht leicht. Ich habe sechs Stunden gebraucht, um in Kontakt mit den Engeln zu kommen», verkündet sie, «aber es hat geklappt. Und Sie sind von vielen guten Engeln umgeben. Sie möchten, dass Sie etwas über Ihre Erfahrungen, anderen zu helfen, schreiben, Theo.» Die Frau ist in ihrem Redefluss nicht zu stoppen. «Und da ist noch jemand bei den Engeln. Ihr Großvater. Er wacht über Sie.»

Sie beschreibt die Szene, die sie gesehen hat. «Da sind die Engel, und das ist Ihr Großvater.» Woher konnte die Frau das wissen? Wir schauen uns ungläubig an und beginnen zu weinen. Wir erzählen allen unseren Freunden die Engelgeschichte, auch sie brauchen etwas Hoffnung, es ist schwer, Cheerleader einer Verlierermannschaft zu sein. Nur ein Freund platzt heraus mit: «Aber könnten Engel um Theo herum nicht auch eine andere Bedeutung haben?»

Wir laden ihn nicht wieder ein. Wir haben keine Zeit für so etwas.

Fast gleichzeitig mit seiner ersten Diagnose beginnen Theo und ich *Breaking Bad* zu gucken. Es fühlt sich gut an, zusammen zu sein und für eine Folge oder zwei so tun zu können, als wäre das Leben normal. Ich denke, die meisten kennen die Ausgangssituation von *Breaking Bad*, die Geschichte von Walter White, der die Diagnose erhält, unheilbar an Krebs erkrankt zu sein, und der sich, um die Zukunft seiner Familie zu sichern, darauf einlässt, Crystal Meth zu kochen und damit zu dealen.

Wir fangen an Witze zu machen. Jedes Mal, wenn Theo rausgeht, um sich ein Bier zu holen, sage ich: «Und, wo hast du das Geld versteckt?»

Wir scherzen ganz offen darüber, weil wir glauben, dass Humor der Schlüssel zu, na ja, so gut wie allem ist.

An irgendeinem Punkt in der Serie sagt Theo: «Jetzt klinge ich wie der Sohn.»

Der Sohn hat Zerebralparese und spricht deshalb langsam.

«Das bin ich», sagt Theo.

Am Anfang hat Theo bloß undeutlich gesprochen. Ich konnte ihn noch verstehen, auch die Kinder, aber andere Menschen hatten Schwierigkeiten. Er trug immer einen kleinen Spiralblock in seiner Gesäßtasche mit sich herum, um Dinge zu notieren, wie ein Detektiv, der sich auf der Straße Notizen macht. Als auch das Schreiben zu schwierig wurde und zu lange dauerte, begann er Dinge auf seinem Laptop oder iPhone zu tippen.

Am einfachsten wurde es, als er eine Sprach-App herunterlud. Er tippte etwas, und die Stimme sprach es für ihn aus. Aus irgendeinem Grund war es die Stimme einer Britin. Ich habe keine Ahnung, warum. Wenn die Kinder und ich ihn etwas fragten, antwortete er mit einem britischen Akzent. Ich kann mich nicht daran erinnern, ihn je gefragt zu haben, ob es auch eine männliche Stimme gab.

Als Theo noch selbst sprechen kann, schlage ich ihm vor, er solle sich im Studio unseres Musikerfreundes Paul aufnehmen.

«Nimm dich auf, wie du ein Buch vorliest oder den Kindern Geschichten aus deinem Leben erzählst. Eines Tages werden sie so viele Fragen haben – wie fühlt es sich an, nicht sprechen zu können? Hast du Schmerzen? Hast du Angst? Und ich kann sie ihnen nicht beantworten.»

Aber das hat er nie getan.

Stattdessen ist er ganz aufgeregt wegen eines personalisierten Sprachprogramms für den Computer, das ein Argentinier, der in Deutschland lebt, erfunden hat. Es heißt *Meine eigene Stimme* und ist speziell für Menschen entwickelt, die ihre Stimme aufgrund einer Erkrankung verlieren. Statt der üblichen Computerstimme, die sich wie ein Roboter anhört, wird es Theos eigene Stimme sein, seine Persönlichkeit. Im Verlauf dreier Sitzungen wird seine Stimme über mehrere Stunden bei uns zu Hause aufgezeichnet und dann in der Firma des Erfinders bearbeitet. Das Programm wird nur auf Deutsch angeboten. Theo und ich haben aber Englisch miteinander gesprochen. Als wir uns kennenlernten, haben wir sogar Deutsch miteinander gesprochen, aber irgendwann, nach einem Streit eines Abends, sind wir ins Englische gewechselt und haben es seitdem nie wieder geändert. Wenn man im Ausland lebt, entsteht eine besondere Intimität mit Menschen, wenn sie mit einem in der eigenen Muttersprache sprechen. Wenn man hört, wie jemand «Ich liebe dich» in der eigenen Sprache sagt, bedeutet das mehr, ebenso wie es bedeutungslos ist, wenn jemand in einer Fremdsprache flucht. Deshalb fluchen ausländische Taxifahrer wahrscheinlich so viel – «The Lincoln tunnel is so shit fuck.»

Aber mir ist das egal. Die Spezialisten zeichnen Hunderte von Alltagswendungen auf und dann eine Menge Wörter, in einzelne Silben zerlegt, sodass sie in unterschiedlichster Weise wieder zusammengesetzt werden können. Das Ergebnis wird uns zugeschickt. Falls/sobald Theo eines Tages eine Tracheotomie erhält, kann seine Stimme mit einfacher Software auf seinem Computer installiert werden. Anfangs kann sie durch Tippen aktiviert werden und später, falls/sobald er seine Fähigkeit zu tippen einbüßt, kann er sie mit einem Augenkontakt-Programm aktivieren. Dieses Falls/sobald ist so unausweichlich, aber wir sagen immer noch, falls. Falls birgt mehr Hoffnung in sich.

Die Versicherung übernimmt die Kosten für das Sprachprogramm nicht, weil sie es als zusätzliches, aber nicht notwendiges Hilfsmittel für die Aufrechterhaltung seiner Gesundheit erachtet. Die deutsche Versicherung übernimmt zwar die Grundversorgung, aber sobald man mehr will, muss man es selbst bezahlen. Zu diesem Zeitpunkt komme ich schon seit mehr als drei Jahren für unsere Lebenshaltung auf. Ich überweise sogar jeden Monat Geld auf Theos Bankkonto, damit er machen kann, was er will. Er hat schon genug Sorgen, und ich möchte nicht mehr mit ihm über Geld streiten wie früher.

Hätten wir ernsthafte Gespräche über Geld führen sollen, über unsere Zukunft, seine Zukunft, darüber, was wir tun sollen? Wie er leben möchte? Wie er sterben möchte? Ja, das hätten wir tun sollen. Genau das sollte man unter solchen Umständen tun. Aber wir haben es immer wieder vermieden. Abgesehen von den Gesprächen, die wir direkt nach den Diagnosen führten, haben wir diese Themen nie angesprochen. Ich weiß nicht, ob es bloß Erschöpfung war, Überforderung oder Vermeidungsstrategie. Alles war so verdammt schwierig, und als es für Theo zu zeitraubend wurde zu sprechen, war es auch viel zu anstrengend. Ich hatte das Gefühl, dass wir der Entwicklung immer hinterherrannten, immer einen Schritt zu spät waren. Ständig grübelte ich, wie wir die jeweils aktuelle Herausforderung am besten meistern konnten oder die darauffolgende, die schon hinter der nächsten Ecke lauerte oder uns aus heiterem Himmel traf.

Die Dinge geschehen in atemberaubender Geschwindigkeit. Ich bemühe mich, das Leben in den Griff zu kriegen, aber etwas im Griff zu haben, das sich rasend schnell in eine andere Dimension bewegt – wie in einer Science-Fiction-Serie auf Netflix –, ist fast unmöglich. Außerdem ist uns gerade mitgeteilt worden, dass unsere Wohnung verkauft wird und wir ausziehen müssen. Das ist in Ordnung, weil wir im fünften Stock ohne Aufzug wohnen und uns klar war, dass wir ohnehin irgendwann ausziehen müssen, aber es ist zu viel. Ich versuche dafür zu sorgen, dass die Kinder glücklich sind und keine Angst haben, will ihnen eine normale Kindheit vermitteln, will mein persönliches Leben und meine Arbeit getrennt halten, will den Silberstreifen am Horizont sehen, aber ein Versuch ist eben auch nur ein Versuch, und mir entgleiten die Dinge. Ein Versuch zählt am Ende nur, wenn er auch gelingt. *Die kleine blaue Lokomotive*, ich kann's, ich kann's, ich kann's, schließlich klappt's. Bravo. All diese TED-Vorträge über das Scheitern stammen von Leuten, die Erfolg haben. Aber es zu versuchen und zu scheitern, es wieder zu versuchen und wieder zu scheitern, dafür gibt's keinen Applaus.

Letzte Woche habe ich eine Riesenpackung Waschmittel

gekauft – eine dieser Mammutpackungen für zweihundert Maschinenwäschen. Ich habe mir sogar Blumen besorgt, Self-Care, genau. Ich gestatte mir, mich gut zu fühlen. Ich komme nach Hause und erst Stunden später wird mir klar, dass ich das Waschmittel irgendwo stehen gelassen habe. Ich meine, es ist so groß wie ein Stück Handgepäck. Ich kann es nirgendwo finden.

Ich gehe zurück in die Läden und frage: «Haben Sie vielleicht mein Waschmittel gesehen? Die Packung ist so groß. Es steht Persil drauf.»

Heute konnte ich mein Fahrrad nicht finden.

Ich habe meine EC-Karte im Automaten stecken lassen.

Schon wieder.

Ich glaube, ich löse mich auf.

Ich löse mich auf.

Wir schauen weiter *Breaking Bad* auf Theos Laptop. Walter White wird vom Krebs so zerfressen, dass er in einer Folge seinen Ehering verliert. Und während wir noch dabei zusehen, wie der Ring in den Abfluss rutscht, beuge ich mich zu Theo hinüber und sage: «Gut, dass du deinen noch hast.» Aber als ich seine Hand berühren will, ist da kein Ring mehr, er hat ihn auch verloren.

Der Ring ist ihm schon vor Monaten vom Finger gerutscht. Theo hat es mir nie erzählt, und mir ist es auch nicht aufgefallen. Wie eine Menge anderer Dinge.

An einem Punkt in der Serie taucht dieser Typ von der mexikanischen Drogenmafia auf, Tio, der Onkel des üblen Drogenkartellchefs, der sich in einem Krankenhaus an der Grenze befindet. Er sitzt den ganzen Tag im Rollstuhl, kann nicht mehr sprechen, und an seinem Rollstuhl ist eine Klingel befestigt, mit der er läutet, wenn er etwas möchte.

«So wird es mir auch ergehen», sagt Theo.

Und er hat recht. Ein Jahr später bekommt Theo ein kleines, goldenes Weihnachtsglöckchen von den Kindern, mit dem er klingelt, wenn er etwas will. Später wird daraus ein offizieller Klingelknopf.

Theo erzählt Freunden, die zu Besuch kommen, oft von den Parallelen zwischen seinem und Walter Whites Leben. Später, viel später, als das Brot nicht mehr auf die Butterseite fällt, sondern an die Wände knallt und alles vollschmiert, sagt ein Freund zu mir: «Finde es irgendwie seltsam, dass Theo mit einem solch fiesen Charakter auch nur in Verbindung gebracht werden wollte.»

Ein weiteres Problem für Theo ist, dass sich zu viel Speichel in seinem Mund sammelt. Es ist nicht so, dass er mehr Speichel produziert, sondern es fällt ihm wegen der Krankheit zunehmend schwerer zu schlucken. Überall liegen Küchenrollen herum, benutzte und unbenutzte Papierservietten. Wir bestellen sie schließlich auf Amazon, weil ich es mit den Einkäufen nicht mehr schaffe.

Trotz allem will Theo mit mir schlafen. Das überrascht mich, denn es passiert so viel, dass es mir nicht in den Sinn kommt.

«Ich bin es immer noch. Ich bin hier», sagt seine heisere, krächzende Stimme.

Aber ich bin mir nicht sicher, ob es immer noch er ist. In jedem Fall ist es ein unvertrautes Er. Ich habe das Gefühl, Theo verschwindet vor meinen Augen.

«Honey, ich bin müde», antworte ich.

Das ist nur eine halbe Lüge. Wahr ist, dass ich ständig müde bin. Es erschöpft mich, immer die gute Laune aufrechtzuerhalten, so zu tun, als wäre das Leben weiter normal, ein anderer Mensch sein zu müssen, wenn ich arbeite, und alles zusammenzuhalten. Wenn ich meine Arbeit nicht mehr ausüben könnte, wären wir wirklich alle am Arsch.

Aber ich will eben auch nicht mit ihm schlafen. Nicht dass ich Sex mit anderen Männern würde haben wollen. Will ich nicht. Ich finde andere Männer nicht attraktiv. Normalerweise hat einer von uns beiden im Bett den Laptop aufgeklappt und recherchiert wegen ALS, was ehrlich gesagt kein starkes Aphrodisiakum ist. Jungs, vielleicht bleibt ihr besser beim Horn der Nashörner.

An diesem Abend ist Theo niedergeschlagen, und ich möchte, dass er vergessen kann. Ich möchte, dass er sich wieder gesund fühlt. Ich trinke etwas Wein, schalte das Licht aus und bringe es hinter mich. Ich zähle.

Und ich habe aufgehört ihn zu küssen. Ich kann es nicht mehr. Er sabbert. Ich fühle mich schrecklich, aber ich kann nicht. Ich habe es immer geliebt ihn zu küssen.

Eines Abends bringt Theo Sam zu Bett. Das ist ein Lieblingsritual der beiden. Als Theos Stimme allmählich verschwindet, übernimmt es Sam selbst, der gerade zu lesen begonnen hat, seine Gutenachtgeschichte vorzulesen. Plötzlich höre ich Sam weinen, geradezu heulen. Ich gehe in sein Zimmer, und Theo ist nicht da. Ich kann kaum verstehen, was Sam schluchzend unter Tränen herausbringt. Dann gesteht er, dass Theo auf sein Kissen gesabbert hat. Ich halte Sam ganz fest, küsse ihm die Tränen weg, wechsele den Kissenbezug und lese ihm vor, bis er einschläft. Dann begebe ich mich auf die Suche nach Theo. Er ist im Zimmer nebenan und hämmert grunzend auf den Tisch, andere Geräusche kann er nicht mehr von sich geben. Er weint ebenso. Wir zerbrechen alle. Wir sind alle Crashtest-Dummys, aber es gibt keine Airbags, und wir bereiten uns auf den Aufprall vor.

*

Theo hat Verschiedenes ausprobiert, um die Überproduktion von Speichel zu bekämpfen. Ein Mittel, das von seinem Sprachtherapeuten empfohlen wird, ist ein Pflaster, das er hinterm Ohr trägt. Zu den Nebenwirkungen des Medikaments, das normalerweise bei der Reisekrankheit eingesetzt wird, gehört Mundtrockenheit. Doch wenn Theo Medikamente nur wegen der Nebenwirkungen nimmt, muss er sich auch mit anderen Nebenwirkungen herumschlagen wie Schwindelgefühl und Müdigkeit. Infolgedessen schläft er den ganzen Tag, hat Verstopfung oder Durchfall – was ein schlimmerer Kampf zu sein scheint als der gegen Speichelfluss.

Die meisten Menschen haben wahrscheinlich nur deshalb von Propofol gehört, weil sie Michael-Jackson-Fans sind (er starb an einer Überdosis) oder ALS haben. Theo entdeckt Propofol eines Abends bei einem Live-Chat in einem ALS-Forum. Anscheinend existieren eine Menge dokumentierter Fälle, wo man ALS-Patienten Propofol zur Entspannung vor einem chirurgischen Eingriff oder einer Operation gegeben hat, und es sind Wunder geschehen. Die Leute schreiben über das Medikament, als hätte es Zauberkräfte. Könnte es sogar ein Heilmittel sein?, fragen sie. Die überraschende Nebenwirkung von Propofol ist, dass ALS-Kranke plötzlich zum ersten Mal nach Jahren wieder ein Bein oder einen Arm bewegen können. Unzählige Tests und häusliche Experimente werden mit diesem Mittel durchgeführt, weil niemand Zeit zu verlieren hat. Und die Ärzte? Nun, die haben uns ohnehin schon aufgegeben. Von Anfang an erzählen sie uns, Riluzol sei das einzige zugelassene Medikament, das sie verschreiben dürfen. Es hilft, den Krankheitsverlauf zu verlangsamen, aber es kann ALS nicht heilen, und es kann die Schäden an den Nerven oder die Muskelschwäche nicht rückgängig machen. Das Medikament verlängert das Leben der Erkrankten um drei Monate. Mehr haben die Ärzte nicht. Sie sagen uns, wir sollen diese kostbare Zeit zusammen verbringen, jeden Tag bewusst und so intensiv wie möglich leben und geben uns Broschüren über Palliativmedizin mit, was mir vorkommt, als würde man einen Kampf bereits aufgeben, bevor er begonnen hat. Tatsächlich ist es nötig, eigene Nachforschungen anzustellen und häusliche Experimente zu wagen. Propofol scheint keine nachhaltige Wirkung zu haben, aber den Versuch ist es wert. Wir müssen es versuchen, denn die Alternative ist trostlos. Was mir dazu einfällt: Ist es besser, geliebt und verloren als nie geliebt zu haben? Wir müssen uns jetzt Propofol besorgen und jemanden finden, der es injiziert.

Theo hat einen alten Schulfreund, Jens, der Arzt ist und in Köln wohnt. Wir besprechen alles mit ihm, und er ist dabei. Wir betreten eine Grauzone. Ob Jens' Hilfe als ärztliche Behandlung gelten kann und legal ist oder eher eine Art Experiment, ist unklar. Jens möchte das Propofol zunächst mit Theo in unserer Wohnung ausprobieren, und das macht mir Angst. Ich habe den Eindruck, dass das Ganze eher illegal ist. Was, wenn etwas Schlimmes passiert? Ich habe Albträume, dass Theo sterben und ich ins Gefängnis gesteckt werden könnte und unsere Kinder mit einem Schlag beide Eltern verlieren. Aber Jens beruhigt mich. Das Risiko für Komplikationen sei äußerst gering, und ein paar Tage später hat er sogar eine Möglichkeit gefunden, das Mittel offiziell in seiner Praxis in Köln zu verabreichen.

Theo fährt zur Behandlung dorthin. Ich bleibe mit den Kindern zu Hause, und alle unsere Freunde sind aufgefordert, um neun Uhr morgens good vibes zu schicken (wir verwenden den Begriff ohne jede Ironie). Das Mittel wird ihm gespritzt, und Theo fällt in einen traumintensiven Schlaf. Ein paar Stunden später wacht er wieder auf, fühlt sich verjüngt, aber Veränderungen sind nicht eingetreten.

Theo hat an unsere Experimente keine hohen Erwartungen gestellt, damit er nicht allzu sehr enttäuscht werden kann. Ich hingegen habe große Hoffnungen gehegt, denn auch wenn der

Fall hinterher tiefer ist, sind Tage der Hoffnung wie Schneetage für Kinder, unerwartet und voller Intensität.

Und nun ist Silvester. Wie ich Silvester hasse, denn ich weiß, dass das nächste Jahr schlimmer werden wird als das vergangene. Es ist das erste Silvester seit der Diagnose. Wir reisen mit unserem Freund Thomas und dessen Freunden zum Skifahren nach Tschechien. Theo kann immer noch laufen, allerdings kaum noch sprechen. Thomas ist Psychotherapeut. Er ist fest davon überzeugt, dass die meisten Krankheiten psychosomatisch sind. Nach einigen Tagen in der frischen Bergluft findet er sogar, dass Theo klarer spricht und besser zu verstehen ist.

Er sagt andauernd: «Er klingt jeden Tag besser.»

Dennoch kann niemand aus der Gruppe Theo verstehen, also setze ich mich neben ihn und übersetze für ihn. Während dieses langen Wochenendes lernen wir Toby kennen. Toby ist als junger Mann sehr krank gewesen, er hat Rheuma gehabt. Jahrelang musste er starke Medikamente gegen die Schmerzen nehmen, konnte manchmal überhaupt nicht laufen. Das ist derselbe Toby, der jetzt Henry und Sam das Skifahren beibringt. Toby erzählt uns von Dr. Karl Probst.

«Dr. Probst verfolgt die Theorie», erzählt uns Toby, «dass unsere Gesundheit von unserem Darm und der Entgiftung abhängt.»

Wir haben auch über Darmbakterien recherchiert und warum sie alle möglichen Krankheiten verursachen können. Toby hat vor zehn Jahren Dr. Probst aufgesucht und ist drei Wochen bei ihm geblieben. Ihm wurde eine strenge Rohkost-Diät verordnet, an die er sich auch heute noch hält, und inzwischen ist er gesund und hat kein Rheuma mehr, ja nicht einmal Spuren davon in seinem Blut.

Sobald wir wieder in Berlin sind, rufe ich bei Dr. Probst an. Er erzählt, dass er bereits ALS-Patienten behandelt hat und in der Lage ist, die Krankheit zu stoppen oder zumindest den Verlauf zu verlangsamen. Es würde eine Menge Geld kosten, und ich bin bereit, diese Kosten aufzubringen, aber Theo ist zurückhaltender. Er meint, wir sollten Dr. Probst darum bitten, mit früheren ALS-Patienten oder ihren Familien Kontakt aufnehmen zu dürfen. Er habe diese Unterlagen nicht mehr, antwortet der Arzt, und als ich genauer nachfrage, habe ich das Gefühl, hingehalten zu werden. Dann checke ich Dr. Probst im Internet, und es tauchen eine Menge problematischer Artikel auf. Dr. Probst hat Verbindungen zur ultrarechten Szene, hat Deutschland verlassen, um nach Bolivien auszuwandern, als gegen ihn Prozesse angestrengt wurden, und er ist ein Holocaust-Leugner. Wir beschließen Dr. Probst nicht aufzusuchen.

Wir sitzen in der Küche mit unserem tropfenden Wasserhahn. Normalerweise springe ich auf, um einen Schwamm darunterzulegen, damit ich das Tropfen nicht hören muss. Aber heute Abend sitzen wir nur da und das tropf, tropf, tropf klingt, als würde unsere Wohnung mit uns weinen.

Dr. Probst ist die letzte Person, zu der wir Kontakt aufnehmen, bevor wir akzeptieren, dass es Theo nicht mehr bessergehen wird.

8. KAPITEL

Breaking Down

Es gibt einen Infusionsbeutel, eine elektrische Ernährungspumpe oder eine schlichte Spritze.» Der freundliche Arzt zeigt uns die verfügbaren Hilfsmittel für die Magensonde.

Theo hat sehr viel Gewicht verloren, und der Arzt empfiehlt uns den Einsatz einer Magensonde, damit Theo die nötigen Kalorien erhält. Trotzdem wäre er noch in der Lage, um des Geschmacks willen, selbst zu essen. Wir finden, dass eine Spritze am einfachsten klingt. Theo tippt etwas in sein Handy und fragt, ob er mit einer Magensonde schwimmen gehen kann. Er ist ein guter Schwimmer. Der Arzt erklärt, die Sonde könne in ein paar Monaten durch eine kürzere ersetzt werden, die man Buttonsonde nennt. Der Körper solle sich erst mal an die Veränderung gewöhnen.

Wir vereinbaren einen Termin für die Operation, dann fahren wir nach Hause und packen für unseren einwöchigen All-inclusive-Urlaub mit den Kindern auf Mallorca. Mitten im Sommer, während der Fußballweltmeisterschaft, bei der Deutschland führt und später den Titel holen wird, zwischen all den Umzugskisten, die sich in unserer Wohnung stapeln, brauchen wir eine Pause.

Es ist später Nachmittag, die Kinder sind zum Spielen am

Pool. Theo liegt im Bett, als ich das Hotelzimmer betrete. Er schaut zu, wie ich meinen Bikini ausziehe, und schreibt mir auf seinem iPhone, dass ich zu ihm ins Bett kommen soll. Er berührt mich wie immer mit der richtigen Intensität an den richtigen Stellen. Und ehe ich mich's versehe, haben wir Sex. Anfangs ist es mir unangenehm. Das letzte Mal ist Monate her. Theo wirkt so fragil, und ich habe das Gefühl ihn zu zerbrechen, wenn ich mich auf ihn setze. Zum ersten Mal wiege ich mehr als er, aber bald gewinnt meine Lust die Oberhand, und es fühlt sich großartig an.

Hinterher trinkt er ein Bier, und dabei gerät ihm etwas Flüssigkeit in die Lunge. Er beginnt anhaltend zu husten, der Husten hält für fünfzehn Minuten ohne Pause an. Ich frage mehrmals, ob ich den Notarzt anrufen soll. Er schüttelt den Kopf.

Auf dem Rückweg von Mallorca hat Theo am Flughafen wieder einen dieser Hustenanfälle. Die Leute am Flughafen starren ihn an, starren uns an, eine Mutter zieht ihr Kind weg, das auf ihn zeigt. Sie müssen glauben, dass er betrunken ist. Theo hustet laut, sabbert, geht unsicher umher, und die Leute flüstern: «Was hat er denn?» Sie machen einen großen Bogen um ihn.

Am nächsten Tag muss er in Berlin ins Krankenhaus, damit sie ihm die Magensonde einsetzen können. Er ist nicht besorgt und glaubt sogar, dass die Sonde seine Lebensqualität verbessern wird. Jetzt kann er um des Geschmacks willen essen und nicht wegen der Kalorien. In den letzten Monaten hatte er Probleme, sein Gewicht zu halten, und die Sonde wird ihm den Druck wegnehmen, den die Mahlzeiten ihm bereitet haben. Es ist eine Routineoperation und nichts, über das man sich Sorgen machen müsste. Ich brauche außerdem dringend Zeit, um zu packen. Wir werden in wenigen Wochen umziehen. Es gibt so viel zu tun. Zu Hause erleben Henry, Sam und ich ohne Theo einen Frieden und eine Stille wie nach einem lauten Konzert, wenn man anschließend im Auto sitzt. Es klingelt noch in den Ohren, und man ist sich der augenblicklichen Stille ganz bewusst.

Die Operation verläuft unauffällig, aber auf einmal scheint ihm sein Körper nicht mehr zu gehören. Aus Theos Magen ragt ein fünfundsiebzig Zentimeter langer Schlauch, er hat ein Loch im Bauch und eine PEG-Sonde. Um das Loch herum ist die Haut gerötet und wund, und man erklärt mir, wie wichtig es ist, es zweimal am Tag mit Alkohol zu reinigen und den Verband zu wechseln.

Manchmal tritt Flüssigkeit aus und bildet eine Kruste um die Wunde herum. Die muss mit Wasser und Seife entfernt werden. Ich bin etwas zimperlich. Ich sehe Theo an, wenn ich den Schlauch in seinem Bauch drehe. «Tu ich dir weh?»

Theo schüttelt den Kopf, und ich drehe den Schlauch dreimal in die andere Richtung, damit er nicht an der Haut festklebt.

Die große Überraschung ist, dass Theo fünfzehn Stunden am Tag an eine elektrische Pumpe angeschlossen werden muss. Als er entlassen wird, erzählen uns die Ärzte, dass die Spritze nicht funktionieren wird, weil es zu kompliziert ist, die richtige Menge und Geschwindigkeit zu ermessen, und die Gefahr besteht, Theos Stoffwechsel zu ruinieren, wenn die flüssige Nahrung zu schnell in seinen Blutkreislauf dringt. Wir sind beide konsterniert.

Die britische Frauenstimme auf Theos iPhone fragt mich: «Kannst du dich daran erinnern, dass sie uns irgendwann gesagt hätten, ich müsste den ganzen Tag an diese Pumpe angeschlossen sein?»

Nach jeder Nahrungsaufnahme muss der Schlauch mit Wasser durchgespült werden. Und dann dieses Geräusch, das sofort losgeht, wenn der Schlauch nicht ordnungsgemäß angebracht worden ist. Ein lautes Piepen. In diesen heißen Augusttagen hängt der Geruch nach flüssiger Nahrung ständig in der Luft.

Es ist jetzt schon zu viel. Und Ende des Monats ziehen wir um.

Theo ist deprimiert und aggressiv, weil sein Körper ihm nicht gestattet, zu tun, was er möchte. Und da er nicht sprechen kann, macht er Geräusche, grunzende, gutturale Laute, und schlägt auf den Tisch oder was immer sich in seiner Nähe befindet.

Er liegt den ganzen Tag im Bett. Weil in Berlin jedes Jahr nur ein paar Wochen echte Sommerhitze herrscht, haben wir nur Ventilatoren. Ich bringe ihm kalte Waschlappen für die Stirn, weil er Kopfschmerzen bekommt, und wir versuchen, das Zimmer abzudunkeln und für Kühle zu sorgen. Ich hänge tropfnasse Laken über die Fenster, um die Luft zu kühlen. Dazwischen organisiere ich den Umzug, bestelle Umzugskisten, packe, werfe Dinge weg, versuche über Telefon und Internet, die Sachen in der neuen Wohnung an die richtigen Plätze stellen zu lassen, und plane auch die neue Küche auf diese Weise. Ich schicke die Kinder dreimal am Tag zum Spielplatz, und sie dürfen sich jedes Mal ein Eis holen, damit ich Kisten befüllen kann. Seit Theo mit der Magensonde aus dem Krankenhaus zurückgekehrt ist, besuchen Henry und Sam ihn immer seltener in unserem Zimmer. Es gibt so viele Gründe dafür. Theo schläft sehr viel. Eine Menge medizinisches Personal kommt und geht, um die Magensonde zu richten und die Nährflüssigkeit zu bringen, einmal die Woche erscheint ein Physiotherapeut. Das Zimmer ist vollgestopft mit Kartons und Kleidung zum Verschenken. Meine Freundin in Hamburg nimmt die Kinder für eine Weile zu sich. Anfangs sollten es nur ein paar Tage sein, es entwickelt sich aber zu einem zweiwöchigen Aufenthalt. Ich glaube, die Kinder sind froh, weg zu sein.

Theos Kopfschmerzen halten an, und schließlich lassen wir ihn untersuchen. Die Ärzte messen seine Atmung, um zu klären, wie viel Luft er nach dem Einatmen wieder ausatmet. Sie überprüfen die Sauerstoffkonzentration im Blut und sind überrascht, dass er noch nicht ins Koma gefallen ist. Theos Lunge ist nicht stark genug, um das Kohlendioxid auszuatmen, und so vergiftet er allmählich seinen Körper. Deshalb hat er solche Kopfschmerzen. Die Ärzte behalten ihn im Krankenhaus für weitere Untersuchungen und um zu prüfen, ob er eine Atemmaske benutzen kann. Das ist natürlich einer Tracheotomie, einem Luftröhrenschnitt, vorzuziehen. Nach tagelangen Versuchen mit der Atemmaske geben sie auf. Weil seine Form von ALS, die bulbäre, die Muskeln im und um den Mund herum angreift, ist Theo nicht in der Lage, die Maske zu benutzen. Er schreibt an mich, während ich gerade einen Workshop über Kommunikation leite.

«Am Montag komme ich unters Messer.»

Ich sollte während der Arbeit nicht auf mein Handy schauen, ich habe das schon einmal auf der Toilette getan und meine Lektion nicht gelernt. Damals konnte Theo noch einigermaßen gehen. Henry war in Österreich auf seiner Ski-Klassenfahrt, und ich war bei der Arbeit.

Ich fragte Theo: «Fühlst du dich fit genug, Sam morgens zum Bus zu bringen?» Es sind ungefähr fünf Minuten von unserer Wohnung zum Bus.

«Benny (der Pfleger) und ich können das machen», schrieb er mir zurück.

Sie brachten Sam zum Bus und während sie an der Ampel warteten, fiel Theo hin, hintenüber auf seinen Hinterkopf. Benny beschrieb es mir später wie eine Szene aus einem Zeichentrickfilm – eine Zeichentrickfigur, die wie ein Brett hintenüber kracht – BOING. Theo wusste nicht, warum er hingefallen war, hinterher fühlte er sich ganz okay. Er hatte eine kleine Beule, die nur ein wenig blutete, aber Sam bemerkte es, als er auf die Straße blickte.

Später fragte ich Sam, wie es für ihn gewesen war, Dada hinfallen zu sehen.

Er zuckte mit den Schultern und sagte: «Ich weiß nicht.»

Ich hakte nach. «Ich weiß nicht-gut, ich weiß nicht-schlecht oder ich weiß nicht-traurig?»

«Ich weiß nicht», antwortete er noch einmal und zupfte an seinen Härchen an der linken Augenbraue.

Eines Tages singt Sam im Nebenzimmer – er denkt sich Songs vorm Spiegel aus. Er bittet um mein iPhone, damit er die Melodie nicht vergisst.

Ich frage ihn: «Was singst du denn?»

Mit den entsprechenden Handbewegungen und Tanzschritten, wie bei einem echten Popsong, singt er über eine dunkle Wolke, die sich wieder verziehen wird, und in einem anderen Lied:

I've been watching you for some time now,
getting weaker every step.
Barely walking, falling down now.
How you going to get up?
Deep dark tunnels leading nowhere.
But wait, but wait.
There's still a chance for you.

Er singt das erst vor seiner Klasse und dann bei einer Talentshow vor der gesamten Schule. Er stellt sich mitten auf die Bühne und singt, ganz allein. Sam hat seine Stimme gefunden.

Ich habe immer gewünscht und gehofft, Theo würde das

auch tun. Als er krank wurde, nach jener ersten Woche unter Schock, sagte ich zu ihm: «Honey, du weißt, das ist deine Chance. Du solltest einen Dokumentarfilm darüber drehen, was du durchmachst. So etwas hat noch nie jemand getan.»

Aber er hat es nie umgesetzt. Stattdessen verbringt er seine Kreativzeit damit, mit Co-Autorin Monika an dem Haarmann-Projekt zu arbeiten. Sie schreiben gemeinsam an einem neuen Drehbuch über Fritz Haarmann, einen Serienmörder, bekannt als der Schlächter von Hannover, der vierundzwanzig Jungen in den 1920er Jahren getötet, zerlegt und verstümmelt hat. Einmal konfrontiere ich ihn direkt und frage: «Warum willst du deine Zeit und Energie damit verbringen, an einem Film über einen Serienmörder zu arbeiten, der diese schrecklichen Dinge getan hat? Das ist nicht gut für deine Gesundheit, und wie hilft es der Welt denn weiter, so etwas zu sehen?»

«Ich mag dunkle Charaktere», antwortet er.

Solange ich also nicht auf mein Handy schaue, kann ich in die magische Welt des normalen Lebens entkommen. Wie jetzt in diesen Kommunikations-Workshop. Ich liebe meine Arbeit, habe das immer getan, aber jetzt liebe ich sie sogar noch ein bisschen mehr. Die Ironie, die darin liegt, anderen Menschen zu helfen, sich mit ihrer Stimme und ihrem Körper auszudrücken, während mein Ehemann gerade beides verliert, ist mir nicht entgangen. Ich helfe unscheinbar aussehenden Menschen in Geschäftsanzügen dabei, die außergewöhnlichsten Geschichten zu erzählen. Man sollte ein Buch nicht nach seinem Cover beurteilen. Wirklich nicht. Ich lache. Ich fühle mich stark, ich komme anderen nahe, ich habe alles im Griff, und dann kehre ich nach Hause zurück, und das Kartenhaus fällt in sich zusammen.

Es ist ein warmer Sommerabend. Theo ist im Krankenhaus und wartet auf seine Tracheotomie. Ich sitze zu Hause auf dem Boden und packe Umzugskisten, und dann bekomme ich eine SMS von Theo: «Robin Williams hat Selbstmord begangen.»

Er schreibt mir: «Ich weine um Robin Williams, während ich seine alten Filmclips schaue.»

Nirgendwo gute Neuigkeiten.

Der Umzug in die neue Wohnung findet nur drei Tage vor Theos Luftröhrenschnitt statt. Es sind Maler da und Freunde, die Lampen und Vorhänge in der alten Wohnung ab- und in der neuen Wohnung aufhängen. Ich bereite mich darauf vor, dass unser erstes Au-pair, Klara, aus Schweden zu uns kommt, und die Jungs bereiten sich auf ihr neues Schuljahr vor. Sogar unsere Katzen, die wir uns im vorigen Jahr zugelegt haben, damit wir noch über etwas anderes reden können außer Krankheiten, sind verängstigt wegen des Chaos.

Ich möchte, dass alles vorbei ist, aber ich bin mir nicht sicher, was genau ich damit meine. Den Teil, in dem Theo krank wurde, den Teil, in dem ich nach Berlin zog, den Teil, in dem ich meinen gesunden ersten Mann verließ, oder den Teil, in dem dieser Albtraum kein Ende findet und immer schlimmer wird.

Ich fahre oft mit dem Taxi ins Krankenhaus, um Theo zu besuchen, weil das schneller geht und ich ihn nicht zu lange alleine lassen will. Ich erwische immer wieder dieselben Fahrer. Irgendwann fangen sie an, mit mir Gespräche zu führen, besonders die Ausländer. Die Leute denken oft, ich stamme aus ihrem Land, wegen meines Akzents öffnen sie sich mir.

Ein Taxifahrer, der mich bereits dreimal in der letzten Woche zum Krankenhaus gefahren hat, sieht mich im Rückspiegel weinen. Das passiert, sobald ich von Theo oder den Kindern weg bin.

Sanft fragt er mich: «Was ist denn los?»
Ich sage ihm, dass mein Mann krank ist.
Bei einer roten Ampel dreht er sich um und meint:
«Machen Sie sich keine Sorgen. Es wird alles wieder gut.»
«Nein, wird es nicht», antworte ich.
Den Rest der Fahrt schweigen wir.

Tag eins. Henry, Sam und ich betreten das Krankenzimmer, um Theo nach seinem Luftröhrenschnitt zu besuchen. Sam starrt ihn an und blickt dann zu Henry auf, der Theo anschaut, der wiederum uns anschaut. Sein Gesicht sieht gut aus. Schmal, aber es ist immer noch Theo. Unterhalb des Kopfes beginnt es seltsam zu werden. Um Theos Hals herum verläuft ein Schlauch, und unter dem Verband ist ein Loch. Fast wie ein drittes Auge, das einen anstarrt. Man kann die Atemgeräusche hören, ein und aus, ein und aus, wie einen aufgezeichneten Sound-Effekt, vielleicht sogar ein bisschen übertrieben.

Unter seinem Hals befinden sich alle möglichen Kabel, die verschiedene Sachen in seinem Körper messen – wie viel Sauerstoff und Kohlendioxid in seinem Blut ist, den Blutdruck, die Herzfrequenz. Theo hat Kabel an seinen Ohren und an einem Finger, sie messen den Sauerstoff. Es ist faszinierend und ein ganz klein wenig beängstigend.

Tag zwei. Alle zwei Stunden prüfen sie nach, ob Theo ohne die Maschine selbständig atmen kann. Ich bin da, als die Ärzte ihn das erste Mal testweise vom Atmungsapparat nehmen. Es ist genauso schrecklich, wie man es sich vorstellt. Theo ringt nach Luft wie ein Fisch auf dem Trockenen, sodass sie ihn wieder an die Maschine anschließen. Sein Körper wird das Atmen wieder neu lernen müssen. Er bekommt Morphium zur Beruhigung.

Tag drei. Ich rede mit dem Chefarzt, dem Operateur und der Sozialfürsorge im Krankenhaus, um mehr Informationen zu erhalten. Das Ziel ist, Theo dauerhaft vom Atmungsgerät zu nehmen.

«Das scheint zwar unwahrscheinlich, aber es ist auch zu früh, es auszuschließen», sagen sie mir. «Wenn das nicht funktioniert, möchten wir versuchen, dass Theo wenigstens tagsüber ohne die Maschine auskommt und sie nur nachts braucht.»

Er kann in einer Woche entlassen werden, heißt es, aber vermutlich wird er wohl erst in zwei Wochen wieder nach Hause kommen. Entlassen, was für ein merkwürdiges Wort, ich habe es bislang nur gehört, wenn es um Strafgefangene ging, die das Gefängnis verlassen durften.

Wenn Theo nur mit Beatmungsmaschine nach Hause zurückkehren kann, werden wir eine 24-Stunden-Pflege benötigen. Er wird auch nur dann entlassen werden, wenn diese Pflege gewährleistet ist. Die Vorstellung, dass Fremde die ganze Zeit um uns herum sind und auch in der Nähe unseres Schlafzimmers, ist entsetzlich. Ich weiß nicht einmal, ob wir in demselben Raum werden schlafen können. Werden wir noch einmal Sex haben? Seine Hände, die über meine Hüften streichen, sie zu einem Rhythmus bewegen, den wir immer gefunden haben, ganz gleich, wie unsere Stimmung war. Ich glaube, wir werden nie wieder miteinander schlafen. Das ist wahrscheinlich okay so.

Theo muss lauter Unterlagen bereitstellen, eine Vollmacht zum Beispiel und ein Testament. Er hat das alles noch nicht erledigt. Ich habe schon letztes Jahr versucht, ihn dazu zu überreden. Meine größte Angst oder eine meiner größten Ängste, denn es gibt viele, ist, dass er in eine Situation gerät, wo er keine Entscheidung mehr treffen kann, und dass ich es dann tun muss. Ich bin erschöpft und plötzlich in Panik – was passiert, wenn all meine Jobs vorbei sind? Woher soll ich das Geld nehmen, um für alles zu sorgen und alles zu finanzieren, etwa unsere teure, neue Wohnung?

Tag vier. Theo hatte eine schreckliche Nacht. Er ist blutüberströmt aufgewacht, etwas rinnt aus seinem Loch im Hals. Der Arzt gibt ihm etwas, das ihn erst mal für zwölf Stunden lahmlegt, viel zu stark. Als ich das Krankenzimmer betrete, schläft er. Morgen erhält er eine Bronchoskopie, damit die Ärzte herausfinden, woher das Blut rührt, der arme Kerl.

Tag fünf. Ich besuche Theo vor seiner Bronchoskopie. Es ist angeblich ein ganz einfacher Eingriff. Die Ärzte haben mir erzählt, dass es nur zwanzig bis dreißig Minuten dauern wird, aber nach einer Stunde verkünden sie mir, Theo sei auf die Intensivstation gebracht worden. Er blutet massiv. Ich eile auf die Intensivstation. Theo läuft das Blut aus dem Mund. Er ist immer noch bei Bewusstsein und kann nicht sprechen. Er kann auch nicht auf seinem Handy schreiben. Er liegt nur hilflos da und blutet, und die Ärzte versuchen die Ursache dafür zu finden. Sie glauben, das Blut stamme aus einer offenen Wunde an der Rückseite seiner Kehle, die sich wegen des Ansaugsystems der Beatmungsmaschine immer von neuem öffnet.

Als ich ihn nach der Operation wiedersehe, er steht immer noch unter Morphium, lächelt er, und ich gebe ihm einen Block und einen Stift. Er schreibt: «Wow.»

Tag sechs. Theo geht es besser. Es ist wieder einmal ein Schock, ihn im Krankenhauskittel zu sehen. Fashion designers out there, please make better hospital gowns. All das, die Bettpfannen, die Schläuche, es ist schwer zu glauben, dass das nach wie vor Theo ist. Es ist wie das Gegenteil der Prämisse aus *Body Snatchers – Angriff der Körperfresser*: Eines Morgens kommt einem die eigene Frau plötzlich merkwürdig vor. Irgendwie erscheint sie einem leer, ganz ohne Gefühl, obwohl sie aussieht wie immer. Theo hingegen sieht nicht mehr aus wie immer und hört sich auch nicht mehr so an, denn sprechen kann er nicht mehr. Er riecht nicht mehr wie sonst und bewegt sich auch nicht, wie er es früher immer getan hat. Vielleicht ist er überhaupt nicht mehr dieselbe Person. Ich kämpfe.

One day at a time, das ist mein Mantra.

Als ich in dem Sommer, in dem Theo und ich geheiratet haben, in New York war, besuchte ich eine ALS-Selbsthilfegruppe. Es war ein Mischmasch von Menschen, die sich dort einfanden, weil jemand, den sie lieben, ALS hat. Da war eine Tochter, die von ihrem Vater sprach und seinem neuen elektrischen Rollstuhl, ein Mann, der über seine Frau erzählte und über eine bestimmte Salbe, die das Wundreiben wegen der Windeln verhindern soll, eine Schwester, deren Bruder ALS hat.

«Rotwein hilft», sagte sie.

«Oh ja», fügte jemand anderes hinzu.

Alle lachten. Ich war der Neuling. Ich wollte am liebsten gar nicht da sein.

Jetzt, in Berlin, bringt mich eine gute Freundin mit einem Filmregisseur zusammen, dessen Frau im letzten Stadium von ALS ist. Er lebt in Austin. Wir telefonieren, und es scheint, dass wir unter anderen Umständen Freunde hätten werden können. Jetzt ist es zufällig so, dass unsere Partner beide ALS haben. Wir lachen viel bei unseren Gesprächen. Er erzählt mir, dass er eines Tages an einer Ampel Valerie Bertinelli aus der Fernsehserie *One Day at a Time* gesehen habe. Er starrte sie an, und sie zeigte ihm schließlich den Mittelfinger, als sie davonfuhr. Von da an wurde das sein Mantra: one day at a time. Wenn die Dinge schlecht laufen, denke bloß one day at a time. Wenn alles zu viel wird, one day at a time. Er sagt, ich könne das auch verwenden.

Ich erkläre den Kindern, dass wir möglicherweise in Zukunft rund um die Uhr Pflegekräfte bei uns haben werden. Und dass ich auch nicht weiß, wie das sein wird.

Als Henry etwa sechs Jahre alt war, hatte er den Tick, dass er dauernd blinzelte. Eines Tages hörte das von allein auf. Während sich seine Augen jetzt öffnen, schließen, öffnen, schließen und Henry versucht, den Blick zu fokussieren, sagt er: «Aber dann sind sie immer mit uns im selben Zimmer und hören uns.»

«Werden sie im selben Zimmer mit uns sein, wenn wir Filme gucken?» Auf Sams weicher Stirn bilden sich Falten.

Ich mache ihnen klar, dass die Pfleger in einem anderen Zimmer sein werden. In welchem Zimmer?, frage ich mich.

Schließlich versichere ich den Jungs, dass die Pflegekräfte kein Englisch sprechen und nicht verstehen werden, was wir sagen. Und dass wir die Dinge nehmen werden, wie sie kommen, one day at a time.

Eine Schwester im Krankenhaus beschreibt mir, wie eine chronische ernste Erkrankung die ganze Familie aus dem Gleichgewicht bringt. Sie hat recht.

Tag sieben. Theo ist deprimiert. Er trägt normale Kleidung, was einen Riesenunterschied ausmacht. Ich schneide ihm die Haare und rasiere ihn, denn er sieht aus, als spiele er in *Verschollen* mit Tom Hanks.

Tag acht. Heute ist ein besserer Tag. Theo hat viel Blut verloren. Sein Körper wird eine Woche brauchen, um diesen Verlust wieder auszugleichen. Ich mache ein Nickerchen mit ihm zusammen in seinem Krankenhausbett, das erstaunlich bequem ist, selbst das Beatmungsgerät klingt wie esoterischer Walgesang. Theo vermisst die Kinder. Er möchte, dass sie ihn besuchen. Aber die Kinder möchten nicht. Sie kommen nicht gern ins Krankenhaus. Der Flur, der zu seinem Zimmer führt, ist lang, und überall stehen die Türen zu den anderen Patientenzimmern offen. Den Kindern bleibt nicht erspart, fremden Menschen in allen Stadien des Verfalls – bedingt durch Krankheit, Schicksal, Alter – zu begegnen, und es ist schwer, so etwas auszuhalten. Deshalb versuche ich, diese Besuche mit Ausflügen zu neuen Spielplätzen oder zu Freunden zu kombinieren.

Wessen Wünsche kommen zuerst? Wer erhält den Platz im Bus? Die Kranken? Die Schwachen? Die Alten? Die Jungen? Die schwangere Frau? Die müde Frau mit ihren viel zu vielen Einkaufstaschen und Tränensäcken unter den Augen?

Eine Woche nach der Operation sind Sam, Henry und ich im Krankenhaus. Theo kann auf dem Gelände spazieren gehen, mit dem Beatmungsgerät auf einem Wägelchen. Es ist ein sonniger Tag, und wir fangen an Scharaden zu spielen. Es bringt Spaß, und ich denke, das alles ist machbar. Ich schaffe das.

Theo kann nur entlassen werden, wenn wir den Pflegedienst für ihn organisiert haben. Das Krankenhaus empfiehlt uns dringend, mit einer 24-Stunden-Pflege zu beginnen. Wenn wir nach ein paar Wochen feststellen, dass wir die Pfleger nur nachts brauchen oder achtzehn Stunden am Tag, könnten wir das problemlos runterfahren. Für die Eingewöhnung zu Hause und Theos Gesundheit wäre die 24-Stunden-Pflege aber besser, sagen sie.

Die neue Wohnung ist groß. Sie geht sogar über zwei Stockwerke, hat aber leider, wie sich herausstellt, nicht genug Zimmer. Die Jungs teilen sich ein Zimmer, damit das Au-pair-Mädchen ein eigenes Zimmer bekommen kann. Es gibt keinen Extra-Raum für die Pfleger und Pflegerinnen, alle dreiundneunzig, die im ersten Jahr bei uns ein und aus gehen werden. Sie können sich eigentlich nur im Wohnzimmer aufhalten, wo ich arbeiten muss, wenn ich zu Hause bin. Als mir klar wird, dass ich nicht im selben Zimmer wie Theo schlafen kann, scheint die geräumige Wohnung plötzlich klein.

Nach sechs Wochen im Krankenhaus kehrt Theo nach Hause zurück. Wir malen ihm ein großes Schild: «Willkommen zu Hause!» Vor Jahren, als die Kinder noch klein waren, als Theo noch gesund, das Leben noch normal war, standen wir, wenn er von einer Geschäftsreise zurückkam, auf dem Gehsteig und warteten mit einem solchen Schild auf sein Taxi und ihn. Er mochte das. Er fühlte sich wichtig.

Die Kinder malen ein Schild mit Sonnenblumen darauf, weil Kinder das nun mal als Erstes malen. In kleine Sprechblasen an den Rändern schreiben wir all die Dinge, auf die wir uns freuen – zusammen Filme gucken – Spiele spielen. Als i-Punkte malen wir Herzchen, und überall lachen Smileys. Es ist ein bisschen zu viel und wirkt gezwungen. Wir sind alle angespannt und kaschieren das, indem wir Unmengen Gummibärchen und heimliche Vorräte von Reese's Peanut Butter Cups verspeisen, die von unserer letzten Reise in die Staaten übrig sind.

In der Nacht, nachdem er aus dem Krankenhaus zurückgekommen ist, schlafen wir im selben Bett. Wir benutzen nach wie vor unser preiswertes IKEA-Bett, das recht niedrig ist, kein extra Krankenhausbett oder Ähnliches. Neben dem Bett werden die Apparate aufgestellt. Theos Trachealkanüle wird an die Tubenbelüftung angeschlossen, aber das Geräusch ist beruhigend rhythmisch. Die Pflegerin ist im Wohnzimmer, und ich schlafe tatsächlich ein. Dann geht plötzlich mitten in der Nacht das Licht an. Ich spüre, wie sich jemand über mich beugt, Geräusche ertönen, ein lautes Piepen, etwas ist mit Theos Atmung, dem Apparat, eine Pflegerin sorgt von meiner Seite aus dafür, dass er abgesaugt wird. In dieser ersten Nacht passiert das drei- oder viermal. Darauf bin ich nicht vorbereitet. In der Dunkelheit starre ich an die Decke. Ich weiß nicht einmal, ob Theo wach ist oder nicht. Ich werde das hier nicht schaffen.

Nach jener Nacht fange ich an, unten auf der Couch zu

schlafen. Ein Feng-Shui-Experte wäre alarmiert, denn es ist eine Art Durchgangszimmer unterhalb unseres alten Schlafzimmers. Die Apparate summen fortwährend, und ich höre den Strom von Pflegerinnen und Pflegern, die in Zwölf-Stunden-Schichten kommen und gehen, höre Handys klingeln, unsere Haustür, die geöffnet und wieder geschlossen wird, wie oben in der Küche Tee gemacht wird. Rieche die ungewohnten Gerüche fremder Leute in unserer Wohnung, manche Pflegerinnen rauchen, andere haben zu viel Parfüm aufgelegt, sehe ihre Hausschuhe im Flur. Theo geht außerdem über den Flur über mir auf die Toilette, begleitet von einer Pflegerin. Es wird immer schwieriger für ihn. Er wird schlampiger. Manchmal schafft er es nicht bis zur Toilette. Die flüssige Nahrung für seine Magensonde macht Theos Verdauung zu schaffen. Er hat regelmäßig entweder Verstopfung oder Durchfall. Diese Gerüche vermischen sich mit dem frischen, blumigen Geruch von Duftspendern, der ständig in der Luft hängt.

In dieser Zeit beginnt meine Liebesaffäre mit Podcasts. Sobald ich auf der Schlafcouch liege, setze ich mir meine Kopfhörer auf. Ich schlafe ein zu Terry Gross von *Fresh Air*, Tara Brach und ihren Meditationen, Sarah Koenig und ihren spannenden Untersuchungen wahrer ungelöster oder zweifelhafter Kriminalfälle in *Serial* oder den vielen Erzählern bei *The Moth*. Dies sind die Stimmen, die mich in den Schlaf wiegen.

Am Morgen, wenn die Kinder in die Schule gehen, lege ich mich in Sams warmes und gemütliches Bett für eine Stunde ungestörten Schlafs. Es sollte ein Wort dafür geben, wenn man in das Bett kriecht, in dem eben noch das eigene Kind geschlafen hat. Die Decke riecht noch nach ihm, ebenso die Stofftiere, Paddington Bär, noch ein Bär und ein Känguru, zwischen Matratze und Wand geklemmt. Ich weiß nicht, warum Erwachsene keine Stofftiere haben, denn es ist sehr tröstlich, etwas in den Armen zu halten, wenn man schläft. Ich habe, wo immer ich im Haus übernachte, einen Koffer in meiner Nähe, sodass ich mich morgens gleich anziehen kann. Mein Schrank ist noch oben in Theos Zimmer, und er schläft lange. Das einzige Zimmer, wo ich hinter mir die Tür schließen kann, um mich anzuziehen, ist das Badezimmer.

Wir probieren schließlich das Sprechprogramm aus, *Meine eigene Stimme*, für das er vor einem Jahr Aufnahmen gemacht hat, als er noch sprechen konnte. Theo ist so viel genommen worden, und die Kinder und ich sehnen uns nach etwas von ihm, so wie sich die Eltern eines gefallenen Soldaten den Leichnam wünschen. Er sagt mir, er hätte alle unsere Namen aufgenommen, unsere Spitznamen – wir nennen uns gegenseitig «Honey». Ich weiß jetzt schon, dass ich weinen werde, wenn ich seine Stimme wieder höre. Er wird sie aktivieren können, indem er die Leertaste der Computertastatur drückt, oder später, wenn er seine Hände nicht mehr benutzen kann, mit Blicken.

Wir kauern uns alle um seinen Laptop, was mich daran erinnert, wie man sich früher in den Familien um den Fernseher versammelt hat, um die Mondlandung zu verfolgen. Und dann probieren wir es aus. Anfangs gibt es ein paar technische Probleme, bis die Software richtig funktioniert. Zunächst arbeitet sie nicht. Es dauert eine Weile, die Kinder sind gelangweilt vom Warten, und so sage ich ihnen, sie sollen spielen gehen und später wiederkommen. Wir lesen noch einmal die Instruktionen der Gebrauchsanweisung. Und dann sorgen wir dafür, dass das Programm läuft.

«Henry, Sam, Jungs, es funktioniert jetzt. Kommt zurück», rufe ich.

Theo drückt auf die Leertaste. Und die ersten Worte, die

wir hören, sind durcheinander und schwer zu verstehen. Es klingt überhaupt nicht nach ihm. In den folgenden Wochen versuchen wir immer wieder, das Programm zum Laufen zu bringen. Die Firma sagt, weil seine Aussprache damals schon zu undeutlich war, sei es schwierig, seine Stimme natürlich klingen zu lassen. Unsere Enttäuschung ist so immens, wie der Grand Canyon tief ist. Wie ein ungeschickter Tanzpartner, der ständig einen Schritt zu spät ist, stolpern wir voran und treten uns dabei gegenseitig auf die Füße.

Ich frage mich manchmal, was geschehen wäre, wenn ich an dem Tag, an dem ich Theo kennenlernte, nicht in jenes Café gegangen wäre. Wenn ich nicht gefastet hätte, wäre ich vielleicht nicht so ausgehungert gewesen. Wie wäre mein Leben jetzt, wenn ich zwei Stunden später dort erschienen wäre?

Mein Beruf besteht nicht nur daraus, Menschen auf bevorstehende Konferenzen vorzubereiten und Workshops über Kommunikation zu geben, ich biete auch Einzelcoachings an. Die Leute erzählen mir ihre Probleme, ich höre zu und stelle Fragen. Ich bin in London und beende gerade einen Workshop, packe zusammen und will mich auf den Weg zum Flughafen machen. Eine der Teilnehmerinnen fragt mich, ob ich eine Minute für sie habe. Sie hat bereits Tränen in den Augen. Wir gehen in einen separaten Raum, und ich schließe die Tür.

«Was ist los?», erkundige ich mich.

«Kann ich mit dir über alles sprechen?»

«Natürlich», sage ich.

«Bei der Arbeit läuft es richtig rund. Vor ein paar Monaten bin ich befördert worden. Ich habe jetzt mein eigenes Team. Das Leben ist genau so, wie ich es mir immer gewünscht habe.» Sie wartet. «Und nun habe ich herausgefunden, dass ich schwanger bin.» Ihre Stimme zittert schon. «Und mir ist klar, dass das auch gut ist.» Jetzt weint sie. «Ich habe bloß keine Ahnung, was ich jetzt machen soll.»

Ich beschließe, einen späteren Flug zu nehmen, und spreche am Ende mehr als eine Stunde mit ihr. Sie braucht mich, und ich möchte eigentlich auch nicht nach Hause.

Ich breche das Problem mit ihr zusammen herunter.

«Was weißt du mit Gewissheit? Die Fakten, nicht, was du glaubst?»

«Ich bin schwanger.»

«Okay, weiter.»

«Ich habe einen Job, den ich wirklich mag.»

«Weiter.»

«Ich sitze hier und rede mit dir.»

«Genau. Das ist alles. Der Rest ist Projektion. Deine Vorstellung davon, was passieren könnte. Du verbringst deine Zeit und investierst deine Gefühle in etwas, das noch nicht geschehen ist und vielleicht nie geschehen wird.»

Wir reden darüber, dass sie am besten bei dem bleibt, was sie jeweils weiß, und ihre Gefühle erst danach erforschen soll. Hilfreich ist auch, sich jeden Tag ein paar Minuten nur für sich zu nehmen, sei es, dass sie einmal um den Block geht, wenn sie einen Parkplatz gefunden hat, oder sich jeden Morgen fünf Minuten sammelt, bevor sie ihren Computer anstellt. Es geht darum, mit ihrem wahren Selbst wieder in Kontakt zu kommen, damit ihr bewusst wird, was als Nächstes zu tun ist. Ich höre zu, was für neunundneunzig Prozent aller Probleme eine Lösung ist. Schließlich umarmen wir uns. Die Frau ist sehr dankbar.

Wenn ich in meinem eigenen Leben nur mehr Dinge so hätte regeln können.

Wenn ich arbeite, bin ich meist in Europa unterwegs, aber gelegentlich fliege ich auch in andere Teile der Welt. Ich fange an, jeweils die spätesten Rückflüge zu buchen, und biete

Coaching-Gespräche am Ende des Tages an. Ich kann mich viel intensiver und ganz neu auf die Leute einlassen, und sie registrieren das auch. Meine Kunden empfehlen mich weiter, und ich bekomme mehr und mehr Angebote und Aufträge.

Ich nehme so viele an wie möglich, besonders wenn es bedeutet, dass ich eine Nacht in einem Hotel verbringen kann. Beinahe jeden Abend telefoniere ich auf FaceTime mit den Kindern, oder wir schreiben uns SMS. Wenn ich nicht da bin, räubern sie Süßigkeiten und gehen ein bisschen später ins Bett, die Wochentage kommen ihnen dann wie Wochenenden vor.

Henry beginnt regelmäßig Klimmzüge zu machen. Ich lasse unten für ihn eine Stange an der Wand anbringen. Er muss sich körperlich betätigen, um mit der Situation zu Hause fertigzuwerden. Er schaut selten bei Theo im Zimmer vorbei. Ich versuche, ihn dazu zu ermutigen, aber selbst wenn Theo nicht krank wäre, würde er ihn wohl auch nicht besuchen wollen. Vielleicht ist das ein normales Teenagerverhalten.

Wenn Sam früh ins Bett geht, stellt Henry Hip-Hop an, den ich nicht mag (da erfülle ich absolut das Klischee einer Mutter), und dann zieht er sich an der Stange hoch und rollt ab, zieht sich wieder und wieder hoch, wobei sich sein Körper allmählich von dem eines Jungen in den eines Mannes verwandelt.

Theo und ich schreiben uns beinahe täglich SMS. Am Anfang kommt es mir so vor wie früher. Aber dann werden seine Hände schwächer, seine Nachrichten werden kürzer, und er macht mehr Tippfehler.

Auf den Taxifahrten vom Flughafen nach Hause – «Gute Nacht, Mama» von Sam, «Ich kann meine Schwimmbrille nicht finden», oder: «Kann ich am Samstag bei Evan übernachten?» von Henry, oder: «Wann kommst du zuruck?» von Theo –, spüre ich, dass die einziehbare Hundeleine, die mir eine Weile gestattet hat, frei in der Gegend herumzuschweifen, mit einem groben Ruck wieder zurückschnellt. Ich habe Schuldgefühle, weil ich mich so gut fühle, wenn ich weg bin. Dass ich für ein paar Stunden lachen, trinken und vergessen kann. Wahrscheinlich ist es falsch, sich so gut zu fühlen und obendrein auch noch Gewissensbisse zu haben. Und jetzt bin ich auch noch wütend über meine Schuldgefühle. Mein Gott, ich bin eine Vollkatastrophe, total am Arsch, aber äußerlich würde man das nie erkennen.

Und gerade als die Tage kürzer werden und ich mich verzweifelt nach etwas Licht sehne, kommt Scott Shepherd, der Schauspieler und ein guter Freund von mir, für einen Filmdreh nach Berlin. Er spielt den CIA-Agenten in dem Steven-Spielberg-Film *Bridge of Spies – Der Unterhändler* mit Tom Hanks. Spielberg, den Theo immer über die Maßen bewundert hat. Und so erkundige ich mich: «Hey Scott, kannst du Mr. PlayMountain» – wir können beide Deutsch und lieben es, die Namen zu übersetzen – «vielleicht mal fragen, ob Theo ans Set kommen darf? Tu, was du tun musst, sag, was du sagen musst – es stimmt ohnehin alles, versuche nur zu erreichen, dass er ans Set darf.»

Am nächsten Tag fragt Scott, und Spielberg antwortet: «Ja, natürlich, sie können alle vorbeischauen.»

Und so besuchen wir am letzten Drehtag das Set, Theo mit einem mobilen Sauerstoffgerät, unfähig zu sprechen, kaum in der Lage, mit Hilfe zweier Pflegerinnen zu gehen, die Kinder und ich. Am vorigen Abend war Angela Merkel da gewesen. Sie arbeiten an einem Nachtdreh an der Glienicker Brücke – der berüchtigten Brücke, wo der Austausch der Geheimagenten zwischen Ost und West stattfand. Es ist kalt. Eine Menge Security-Leute laufen herum. Die Kinder tragen Skihosen. Theo ist warm eingepackt. Jemand am Set reicht mir einen langen Daunenmantel mit einem Taschenwärmer.

Spielberg ruft: «Cut.»

Dann wendet er sich uns zu. «So läuft das beim Film. Wir drehen eine Szene wieder und wieder, bis sie endlich stimmt.»

Ich weiß, was du meinst, Mr. Spielberg, sage ich zu mir. Genauso ist auch mein Leben – ich lebe es wieder und wieder –, nur dass ich keine Chance auf einen zweiten Take habe.

Beim nächsten Break kommen Scott, Tom Hanks und Steven Spielberg zu uns und beginnen, lauter Klatsch und Tratsch auszutauschen. Wir lachen, weil Meryl Streep ausgerechnet für *Die eiserne Lady* einen Oscar gewonnen hat. Es fühlt sich an, als wäre es das Normalste von der Welt, dass wir da sind.

Zwischen den Szenen schaut Spielberg noch mal vorbei und schüttelt Theo die Hand.

«Nett, Sie kennenzulernen», sagt er.

Später erzählt mir Theo, dass er, als Spielberg ihm die Hand schüttelte, das Gefühl hatte, einer echten Legende zu begegnen. Spielberg und Tom Hanks posieren beide für Fotos mit Theo und den Kindern. Tom Hanks macht mit beiden Jungs separat ein Foto und kniet sich für die Aufnahme mit Sam sogar hin.

Es heißt, dass Spielberg *Jurassic Park* geschnitten hat, während er *Schindlers Liste* drehte. Diese Geschichte hat mich immer fasziniert. Was geht in jemandes Gehirn vor, wenn man von einer Welt in die andere springt? Wie kann man zwei so unterschiedliche Dinge zur gleichen Zeit fühlen? Ich war so glücklich und so aufgeregt, und dennoch wusste ich, dass ich nur ans Set gekommen war, weil Theo krank war. Meine Freundin Bonnie sagt, man nennt das happysad. Genauso habe ich mich an jenem Abend gefühlt, happysad.

Manchmal geht Theo aus, aber das ist sehr aufwendig und verlangt eine Menge Planung, deshalb findet es nicht so oft statt, wie er sich das wünschen würde. Er kann nicht einfach losziehen, er muss zwei mobile Atemgeräte dabeihaben, einen

Hustenassistenten – eine Maschine, die bei der Sekretion hilft, eine Absaugmaschine und verschiedene andere Accessoires, und damit meine ich nicht Gürtel, Schal und fette Armbänder. Sondern zusätzliche Atemschläuche, eine Gummiballspritze für die Handpumpe, ein Blutsauerstoffmessgerät, einen Absaugkatheter, Küchenrollen, und ich habe wahrscheinlich noch ein halbes Dutzend anderer Dinge vergessen. Später, als Theo einen Rollstuhl benutzt, ist es viel einfacher, alles zu transportieren. Es erinnert mich an die Zeit, als die Kinder klein waren, und daran, wie gern ich sie im Kinderwagen geschoben habe, weil ich im Korb darunter die Einkäufe transportieren konnte. Andererseits erinnert es mich überhaupt nicht daran, weil es bei den Kindern süß und unschuldig war, voller Hoffnungen und Träume, weil Henry und Sam mit jedem Tag selbständiger wurden. Aber bei Theo ist es das Gegenteil. Mit jedem Tag verliert er etwas von dem Mann, der er einmal gewesen ist.

Als Theo noch gehen kann, langsam und mit einem Stock, fährt er mit einem Taxi quer durch die Stadt, um seine Freundin Monika zu besuchen. Sie hat Depressionen und wurde wegen Suizidgedanken in die Klinik eingewiesen. Sie haben sich bei der Arbeit an ihrem jüngsten Drehbuch angefreundet, für das sie eine Förderung bekommen haben. Monika ist lesbisch, hat lange rote Haare, ist über ein Meter achtzig groß und hat Sommersprossen im Gesicht. Bei unserer Hochzeit ist sie in Ohnmacht gefallen, weil es heiß war und sie zu viel Alkohol und nicht genug Wasser getrunken hatte. Bei der Gelegenheit habe ich sie das erste Mal getroffen. Sie ist die Einzige von Theos Freunden, die ihn regelmäßig besucht.

Und natürlich liebt es Theo, ins Kino zu gehen, wo im Dunkel des Kinosaals alle gleich sind. Eines Abends freut er sich sehr darauf, zusammen mit Freunden den neuen Tarantino-Film zu sehen. Seit Wochen ist er eingesperrt gewesen. Ich komme von einer Geschäftsreise zurück und bin froh, dass er es diesmal sein wird, der mir etwas Neues erzählen kann. In den letzten Monaten bin immer ich es gewesen, die mit dem Kopf voller Geschichten zurückkehrte.

«Bist du schon wieder da? Wie war denn der Film?», sage ich, als ich mit meinem Handgepäck zu ihm ins Zimmer trete.

«Bin nicht gegangen. Abgesagt. Alles Mist», antwortet sein Handy.

Als der Pfleger für die abendliche Schicht eintraf, erklärte er Theo, das Risiko sei zu groß. Er könne ihn mit dem Rollstuhl, den wir haben und der über keine Nackenstütze verfügt, nicht ins Kino bringen. Und das kam von unserem geliebten Tommi, einem Riesenkerl, der das ganze Jahr über in Flip-Flops herumläuft, einem Mann, der viele Stunden im Fitnessstudio verbringt und jetzt das Gewicht gelähmter Menschen stemmt.

An jenem Abend teilen Theo und ich uns ein Bier. Ich trinke die halbe Flasche und gebe ihm die andere Hälfte durch seine Magensonde. Das ist erlaubt, nur die Kohlensäure verursacht manchmal Probleme, aber heute Abend genießen wir den Moment.

Mittlerweile haben wir ein festes Team von Pflegern und Pflegerinnen – Hana und Izabela, die jungen Frauen aus Tschechien, die kaum Deutsch sprechen und sich am Ende ihrer Schicht die Haare mit einem Lockenstab kräuseln, bevor sie ins Berliner Nachtleben verschwinden. Dann ist da Roza, älter und wie eine Großmutter. Die Kinder mögen sie sehr, aber Theo ist lieber von jungen Frauen umgeben. Es hilft ihm dabei zu vergessen, wie krank er ist. Er flirtet sogar mit einer, Simona, die nur gelegentlich bei uns arbeitet. Sie hört mit ihm zusammen David Bowie und lacht über das, was er ihr schreibt. Eine andere Pflegekraft, Karin, sie muss einen Meter neunzig groß sein, schenkt den Kindern Bücher über Pflanzen und Vögel. Und Ina möchte mich ständig trösten und umarmt mich stürmisch, aber ich möchte das überhaupt nicht, obwohl ich gerne Menschen umarme. Ein anderer Pfleger isst derart laut Karotten, dass ich das Gefühl habe, ich bin in seinem Kopf – KNACK KNACK. Oh Gott, bitte lass es sein! KNACK. Die meisten Kräfte bleiben aber namenlos, weil es zu viele sind, mehr als dreiundneunzig sind gekommen und gegangen. Oft ist jemand aus dem festen Team krank oder muss seine Schicht woanders leisten. Alle zwölf Stunden erscheint ein neuer Pfleger und wenn ich aufwache, sitzt ein Fremder in meiner Küche.

Eines Abends bin ich im Wohnzimmer und arbeite, als ich unsere Pflegerin Roza höre. Sie ruft nach Theos Mutter und ich denke, was ist denn jetzt los, bis mir klar wird, dass sie mich meint. Ich habe Theos Nachnamen nicht angenommen, als wir heirateten. Ich laufe hin. Theo atmet nicht mehr.

«Rufen Sie die Feuerwehr. Er kann nicht atmen», sagt Roza panisch.

Ich weiß nicht, was ich am Telefon sagen soll, also redet Roza mit ihnen, während ich übernehme, was sie getan hat. Ich beginne mit einer Handpumpe Luft in Theos Tracheostoma zu pumpen.

PUFF. PUFF. Ich versuche, einen gleichmäßigen Rhythmus zu erzielen.

«Honey, alles wird wieder gut.» PUFF. «Entspann dich. Es wird alles gut», sage ich, PUFF, während sein Gesicht vor meinen Augen grau und aschfarben wird.

Innerhalb von Minuten höre ich Sirenen, und dann klingelt die Feuerwehr. Die Pflegerin übernimmt das Pumpen. Ich öffne die Tür, und die Rettungskräfte quetschen sich mit ihren offenen Jacken in unseren schmalen Flur. Ganz gleich, welche

Jahreszeit gerade herrscht, sie tragen enganliegende T-Shirts darunter. Mit breiten Schultern und gesunden Leibern laufen sie über unser Durcheinander von Schuhen und Hausschuhen, und so rufe ich den Kindern zu: «Passt auf, dass die Katzen unten bleiben.»

Sechs Leute, fünf Männer und eine Frau, treten ein. Dies ist nicht das erste Mal, dass wir die Feuerwehr haben holen müssen. Sie wird häufig gerufen, im Schnitt alle paar Wochen, aber das letzte Mal war erst vor zwei Tagen. Ich erkenne die Frau von neulich.

Sie bringen eine faltbare Trage herein und Apparate, um den Sauerstoff zu messen. Theo liegt hilflos auf dem Rücken und kann nichts tun. Er kann sich nicht bewegen; er kann nicht sprechen. Sie sehen mich an, die Pflegerin, und wir erklären, was los ist. Sie machen ein paar Untersuchungen. Ganz gleich, was es für ein Notfall ist, die Rettungskräfte bleiben ruhig. Es gibt Zeiten, da muss Theo zur Beobachtung ins Krankenhaus gebracht werden. Bei anderen Einsätzen können sie ihn stabilisieren. Sobald sie eintreffen, fange ich sofort an zu weinen. Wenn ich weiß, dass jemand anders die Verantwortung übernimmt, kann ich loslassen. In dieser einen Nacht können sie ihn ziemlich schnell stabilisieren, indem sie seinen Sauerstoff regulieren.

Die Frau von der Feuerwehr führt mich hinterher in den Hausflur vor unserer Wohnung und sagt: «Wissen Sie, so können Sie nicht weitermachen. Sie sollten wirklich an andere Lösungen denken. Es gibt Alternativen. Wir kommen natürlich weiterhin, aber ich glaube nicht, dass das eine gute Idee ist.»

9. KAPITEL

Breaking Apart

Die Hand auf dem Herzen kommt der Mann aus Katar zu mir herüber und sagt: «Danke. Sie haben mein Leben verändert.»

Wir umarmen uns, obwohl ich dachte, dass man sich nicht umarmen soll. Ich habe gerade einen ganztägigen Workshop für Facebook in Dubai geleitet. Ich bin in meinem Element, habe meine Berufung gefunden. Was meine Arbeit betrifft, könnte mein Leben gerade nicht besser sein.

Im Taxi zum Flughafen schlinge ich die Arme um meine Brust (in dem Teil Brooklyns, in dem ich aufgewachsen bin, würde man sagen, du hast *agita*, Sodbrennen, aber es ist kein lokales Brennen, sondern es ist warm und schön und breitet sich im Körper aus), als wäre ich plötzlich von einer Nebenrolle in meinem Leben zu einer Hauptrolle aufgestiegen. Ich habe das Gefühl, dass das, was mit Theo geschieht, mir einen Premium-Zugang zu ganz neuen menschlichen Erfahrungen ermöglicht und dass ich dadurch weltoffener geworden bin.

Der Schmerz, den ich seit zwei Jahren verspüre, die Angst, all die Sorgen lassen mich die schmerzfreien Tage umso bewusster erleben. Wie wenn das Aspirin, das man geschluckt hat, anfängt zu wirken und der Kopfschmerz verschwindet. Es fühlt sich großartig an.

Am Flughafen in Dubai, wo Scheichs ganz in Weiß mit weißen Kopftüchern, die von schwarzen Kordeln gehalten werden, neben den wunderschön verschleierten Frauen in ihren Abayas und High Heels, Henna-Tattoos auf den Händen, herumlaufen, stelle ich fest, dass mein Flug drei Stunden Verspätung hat. Ich gehe zu Starbucks und trinke, befreit von jeglichem Zeitgefühl, einen Caffè Latte.

Stunden später besteige ich schließlich mein Flugzeug von Dubai nach Istanbul, von wo ich dann weiter nach Berlin fliege. Als ich mich in meinen Sitz in der Businessclass sinken lasse und mir ein Glas Willkommens-Champagner serviert wird, fühle ich mich, als würde ich bereits fliegen. Ich bin noch nie in der Businessclass gereist und bin überglücklich.

Am Ende des Flugs, drei Meter über den Sternen, legen wir eine holprige Landung in Istanbul hin, und mit einem Schlag bin ich wieder zurück in der Realität. Ich habe zwei Kinder, einen kranken Ehemann, bin seit beinahe vierundzwanzig Stunden wach, und mein Kopf schmerzt vom Champagner auf leerem Magen. Es gießt in Strömen, und beim Aussteigen gerate ich auf den Metallstufen der Treppe ins Stolpern, mein Handgepäck fliegt mir voraus, und ich lande mit einem Bums auf der Landebahn.

Ich trage Sandalen und verletze mir an den Metalltreppen die Füße, sodass sie zu bluten beginnen. Zitternd von dem Schock und dem Sturz humpele ich durch das Flughafengebäude zu der Anzeigetafel mit den Transitinformationen für meinen Flug nach Hause. Als schließlich Berlin auf der Tafel angezeigt wird, kann ich mich plötzlich nicht mehr bewegen. Es geht nicht mehr. Ich würde lieber in die Maschine nach Costa Rica oder nach Budapest steigen. Ich würde lieber verschwinden, würde lieber fort sein. Aber ich muss los, und ich muss mich sogar beeilen, weil ich den Anschlussflug erreichen muss. Ich habe Theo geschrieben, dass ich rechtzeitig vor seiner Operation zurück bin. Er soll von demselben Arzt operiert werden, der vor ein paar Monaten seine Tracheotomie durchgeführt hat. Der Arzt möchte die Rückwand seiner Kehle verstärken, damit er vielleicht kleine Mengen Kaffee oder Bier trinken kann. Jede Operation ist lebensbedrohlich, und deshalb darf ich meinen Flug nicht verpassen. Ich darf ihn nicht verpassen.

Meine Füße sind zerkratzt und bluten. Es sind keine tiefen Wunden, aber die Lederriemen reiben auf den Schnitten, und es schmerzt beim Gehen. Ich halte Ausschau nach einem Laden, in dem ich Pflaster kaufen kann. Ich schlurfe zum Gate, während das Blut langsam über meine Füße läuft, die inzwischen aussehen, als hätte jemand ein Henna-Tattoo verpfuscht. Ich wische mir den Schweiß von der Stirn und bin überrascht, dass es nicht Schweiß ist und auch nicht meine Stirn, sondern dass ich weine. Sobald ich anfange, kann ich nicht aufhören.

Jetzt weine ich laut, ziehe mein Handgepäck mit einer Hand hinter mir her, und mit der anderen winke ich einem Flughafenangestellten zu, der einen dieser Elektrowägelchen fährt. Der junge, dicke, lockenköpfige Fahrer sieht mich schluchzend dastehen mit meinen blutenden Füßen.

«Können Sie mir bitte helfen?», frage ich.

Er schaut sehr besorgt aus, während er mich vom Kopf bis zu den Füßen mustert und mir auf den Wagen hilft, wo ich sitzen kann. Dann fährt er mich in einem Höllentempo zum Gate und blickt immerfort über seine Schulter zu mir zurück, woraufhin ich noch mehr weine, weil er sich so rührend um mich kümmert. Er hilft mir herunter und auf einen Platz am Gate, der normalerweise für alte und behinderte Menschen reserviert ist, und sagt zu mir: «Beware.»

Vielleicht hat er auch «Take care» gesagt, aber ich glaube, es war «Beware». Ich beginne eine zerknüllte Starbucks-Papierserviette in meiner Tasche zu zerreißen, um mir daraus Behelfsbandagen zu basteln. Dann kommt aus den Lautsprechern eine Ansage, erst auf Türkisch, dann auf Englisch, dass sie das Gate geändert haben, die Passagiere müssen ans andere Ende des Flughafens, zehn Minuten entfernt.

Schluchzend wende ich mich an die britische Dame neben mir: «Ich kann nicht mehr. Können Sie mir helfen?»

Sie reicht mir ein Taschentuch und tätschelt meinen Arm.

Ich kann nicht aufstehen. Es ist mir furchtbar peinlich, und ich entschuldige mich fortwährend und sage laut: «Es tut mir so leid, ich bin sehr müde und erschöpft.»

Eine ältere Türkin mit ihrem zehnjährigen Sohn muss in meiner Nähe gesessen und mich beobachtet haben. Sie zeigt auf mich und spricht zu ihrem Sohn. Dann öffnet sie ihre gewaltige Handtasche und holt Pflaster heraus. Sie gibt ihm ein Zeichen, dass er zu mir gehen soll.

Dieser kleine Junge kommt auf mich zu, zögerlich, sich nach seiner Mutter umblickend, die ihm etwas auf Türkisch zuruft, und dann bückt er sich und zieht mir die Sandalen aus. Er schaut mit seinen wunderschönen braunen Augen und den langen Wimpern zu mir auf, reißt ein Pflaster auf und klebt es über den größten Schnitt, vorsichtig und akkurat wie ein Sanitäter. Danach reißt er noch eins auf und noch eins, und schließlich sind meine Füße mit Pflastern in allen Formen und Größen beklebt.

Jetzt ist es wirklich Zeit, zum anderen Gate zu gehen. Alles gerät in Bewegung, auch ich erhebe mich. Plötzlich steht die Türkin neben mir, und ihr Sohn trägt mein Handgepäck.

«Vielen Dank, vielen, vielen Dank», sage ich immer wieder, während sie mir beiläufig lächelnd ihren Arm reicht.

Wir legen die gesamte Strecke Arm in Arm zurück, und sie hilft mir sogar, das Flugzeug zu besteigen und meinen Platz einzunehmen. Der kleine Junge, der mein Handgepäck ins Flugzeug geschleppt hat, tätschelt mich, als ich mich gesetzt habe, und schenkt mir eine Handvoll Gummibären.

Ich lande sechs Stunden später als geplant in Berlin. Es ist aber immer noch vor Theos Operation. Ich laufe nach draußen, um ein Taxi zu suchen. Natürlich gibt es eine lange Schlange. Es ist grau und eiskalt, ich trage immer noch Sandalen und Pflaster, mein Gesicht ist tränenverschmiert, meine Wimperntusche nicht nur zerlaufen, sie bedeckt mein ganzes Gesicht. Die Leute müssen denken, ich sei eine Wahnsinnige, und als ich an die Spitze der Taxischlange laufe und sage: «Bitte, bitte, es ist ein Notfall!», glauben sie mir sofort.

Ich humpele ins Krankenhaus. Ich muss unbedingt zu Theo. Es ist das Einzige, an das ich denken kann, während ich die vertrauten Knöpfe im zu grell erleuchteten Fahrstuhl drücke und in sein Zimmer eile, wo er gerade für die Operation vorbereitet wird.

Sie nehmen ihm die Brille ab. Die Schwestern entfernen die Schläuche und schieben das mobile Atemgerät ans Fußende des Bettes. Ich laufe zu ihm.

Ich habe bloß Zeit, hallo zu sagen, und drücke ihm die Hand. Er kann nichts antworten, weil er sein iPhone nicht bei sich hat. Er lächelt, er freut sich, mich zu sehen.

Der Chefarzt, der die Operation vornehmen wird, ist auch da. Er hat diese Operation bereits sechsmal durchgeführt.

«Wir machen aus Theo 007», scherzt er. Ich lache ein bisschen zu laut darüber, weil ich den Mann, der ihm buchstäblich die Kehle durchschneiden wird, nicht vergrämen will.

«Honey, es wird alles gutgehen», sage ich zu Theo und küsse ihn auf die Stirn.

Als er aus dem Zimmer gerollt wird, sitze ich da und starre auf die leere Fläche, wo das Krankenhausbett eben noch gestanden hat und die jetzt wie ein freier Parkplatz wirkt.

Wird wirklich alles gutgehen? Ich weiß es nicht. Um ehrlich zu sein, ich glaube nicht, dass jemals wieder alles gut sein wird.

Ich spüre die Müdigkeit des letzten Jahres, den Schlafmangel, die Fliegerei, zu viel Kaffee und die Mattheit vom Weinen in der Öffentlichkeit. Und dann fällt mein Blick auf Theos iPhone auf dem Tisch neben mir. Ich weiß nicht einmal, wonach ich suche, als ich es in die Hand nehme und anschalte.

Hat Theo das Selfie von mir bekommen, das ich ihm vom Burj Khalifa geschickt habe, dem höchsten Gebäude der Welt?

Auf Anhieb entdecke ich meinen Namen.

Ich habe von Sekundenbruchteilen gehört, die das ganze Leben verändern können. Dinge gehen zu Bruch, Vasen oder Ehen zerbrechen. Nun, das hier sollte der Sekundenbruchteil sein, in dem mein Leben zerbrach.

«Fuck Syd», in der grauen Blase seiner Freundin.

Eine Textblase nach der anderen, erst links in Grau, dann hellblau von Theo. Gelbe Mittelfinger-Emojis. In der blauen Blase von Theo steht: «Syd möchte, dass ich sterbe.» Er hat all seinen Freunden und der gesamten Familie geschrieben, und ich merke, wie mir das Croissant aus dem Flugzeug wieder hochkommt. Ich schaue mich im leeren Krankenhauszimmer um und rechne damit, dass jemand sagt: «Willst du mich verarschen?»

Und erst in diesem Moment fällt mir unser Gespräch wieder ein, das wir vor zwei Wochen geführt haben und in dem es darum ging, dass Theo ein Testament schreiben soll.

Theo war für diese lebensbedrohliche Operation eingeplant,

aber er hatte immer noch kein Testament aufgesetzt, und so führten wir per WhatsApp ein Gespräch darüber. Er tippte in sein iPhone. Das war für ihn am einfachsten, weil es klein genug für ihn war, um es in der Hand halten zu können. Ich dachte, es sei wichtig, dass er ein Testament macht.

«Was möchtest du?», fragte mich Theo.

«Das hängt von dir ab», sagte ich und umschiffte die Frage. «Was möchtest *du*?», fragte ich stattdessen zurück.

«Ich möchte so lange wie möglich leben. Das habe ich dir ja schon gesagt ...»

Meine Gedanken preschen vor und liefern die fehlenden Worte, die er noch nicht eingetippt hat. Ich denke an die Schläuche, die Pfleger und Pflegerinnen, die Übelkeit, die Krankheit, das Blut, die Nacht, in der ich ihm Luft in sein Atemloch gepumpt habe, als er keine Luft mehr bekam.

«... bis Sam das Abitur macht.»

Sam ist sieben Jahre alt, das sind noch elf Jahre. Tief in meinem Herzen liebe ich diesen Mann, aber das werde ich nicht schaffen. Ich blicke auf meine blutigen Füße. So stark bin ich nicht. Wie soll ich das hinkriegen?

Es ist erst ein Jahr her, dass wir Austern gegessen und Champagner getrunken haben, gleich nachdem er seine erste Diagnose erhalten hatte. An jenem Tag saßen wir zusammen im sechsten Stock des schicken KaDeWe und weinten in der Öffentlichkeit, küssten uns und tranken auf das Leben und die Liebe. Es gab nichts, was uns hätte stoppen können, nicht einmal die scheußlichste Krankheit.

Das war das erste und einzige Mal, dass wir je über Liebe und Tod gesprochen haben. Ich weiß auch nicht, warum.

Theo wartete immer noch mit seiner Frage auf meinem iPhone – was möchtest du?

Sollte ich ihm sagen, dass ich so nicht weitermachen kann? Sollte ich ihm sagen, dass ich Angst habe? Dass ich dachte, ich schaffe das, und es doch nicht schaffe? Sollte ich ihm sagen, dass ich mir Sorgen mache wegen der Jungs? Dass ich mir vorstellte, er würde handeln wie ein Filmheld? Aber wer ist ein Held? Derjenige, der immer weitermacht, ganz gleich, was kommt, oder derjenige, der sich für seine Familie opfert? Das hier ist kein Marvel Comic. Theo ist nicht Clint Eastwood, und ich weiß nicht, wie ich das schaffen soll. Ich liebe dich, ich bin bei dir, aber das hier ist so schwer.

«Sag mir ehrlich, was du möchtest?», schrieb er wieder.

Er hat immer meine Ehrlichkeit geliebt, meine Klarheit, dass ich gesagt habe, was Sache ist, in guten wie in schlechten Zeiten. In diese Frau hat er sich verliebt. In Amerika habe ich gelernt, dass man, wenn man jemanden liebt, ehrlich zu ihm ist, selbst wenn es weh tut, denn wahre Liebe tut weh.

«Möchtest du unter allen Umständen leben?», fragte ich ihn. «Wie steht es mit in Würde sterben?»

«In Würde sterben ist Bullshit», schrieb er zurück. Ja, vielleicht ist Sterben in Würde Bullshit.

Also antwortete ich ihm in bester Absicht. Ich bin nie auf die Idee gekommen, ihn anzulügen. Im Nachhinein denke ich, ich hätte es vielleicht tun sollen.

«Stephen Hawking ist nicht gerade mein großes Vorbild», sagte ich vorsichtig.

Theo wirkte perplex. Er schaute mich kaum an. Langes Schweigen. Ich war zu weit gegangen, ich war zu ehrlich, ich hätte es nicht sagen sollen. Kann ich die Szene noch mal drehen? Kann ich einen Antrag auf Streichung des eben Gesagten stellen?

«Es tut mir leid. Ich weiß auch nicht, was richtig ist.»

Ich weiß es wirklich nicht. Kann man jemanden lieben und doch nicht wollen, dass er weiterlebt? Kann man jemanden lieben und doch nicht das Leben mit ihm verbringen wollen? Heißt es, dass ich Theo nicht liebe, wenn ich nicht möchte, dass er leidet? Oder weil ich nicht leiden will oder die Kinder? Kann man gleichzeitig lieben und hassen? Kann man sich gleichzeitig wünschen, dass jemand weiterlebt und dass er stirbt? Kann man gleichzeitig gegensätzliche Gefühle hegen? Ich dachte, ja, aber anscheinend habe ich mich geirrt.

Denn hier bin ich nun, zwei Wochen später, stehe in einem leeren Krankenhauszimmer mit blutigen Füßen, scrolle durch seine Nachrichten, denke an unsere elf Jahre der Liebe und daran, dass ich wegen dieser einen Bemerkung in Erinnerung bleiben werde.

Was für eine Bitch.

Hat sie das wirklich gesagt?

Stephen Hawking ist nicht ihr großes Vorbild. Fuck her.

Echt?!

Und so geht es immer weiter.

Ich taumele vorwärts, presse meine Hand auf den Magen und speie den halb verdauten Croissant und den Orangensaft in hohem Bogen auf den glänzenden Linoleumboden.

Ich wische mir den Mund ab, steige über mein Erbrochenes und verlasse das Krankenhaus.

*

Sobald Theo wieder zu Hause ist, stelle ich ihn zur Rede.

«Ich habe deine Nachrichten über mich im Krankenhaus gelesen.»

Er sieht mich an.

«Ich habe nie gesagt, ich will, dass du stirbst.»

«Doch», antwortet sein iPhone mit der vergnügten, britischen Frauenstimme.

«Honey, niemand möchte, dass ein anderer stirbt. Ich habe gesagt, es ist schwer für mich.»

«Du klingst wie Bill Clinton», schreibt er zurück.

Er denkt offenbar, ich würde einen Rückzieher machen und mich in leeres Gerede flüchten. Wie der berühmte Clinton-Satz: «Ich hatte kein sexuelles Verhältnis mit dieser Frau.»

Wir drehen uns im Kreis und kommen immer wieder darauf zurück, dass ich gesagt habe, Stephen Hawking sei nicht mein großes Vorbild.

«Urteile doch nicht über mich wegen dieses einen Satzes. Sieh dir an, was ich tue. Anders als deine Familie. Warum sollte ich Bilder in deinem Zimmer aufhängen, neue Regale anbringen, neue Vorhänge, wenn ich möchte, dass du stirbst?»

Außerdem habe ich das Wäschezimmer unten renoviert, damit ich endlich mein eigenes Schlafzimmer habe. Immer wieder rede ich auf ihn ein: «Warum sollte ich das alles tun, wenn ich wollte, dass du stirbst?»

Und schließlich versteht er anscheinend, dass ich das wirklich nicht gemeint habe.

«Es gibt nur sehr wenige Menschen auf der Welt, außer ein paar grauenvollen Diktatoren, die wirklich möchten, dass ein anderer Mensch stirbt. Und so schlimm bin ich echt nicht.»

Er lächelt. Endlich hat er es begriffen. Ich erkläre ihm, dass er an seine Freunde und seine Familie schreiben muss, dass er mich missverstanden hat.

Aber das hat er nie getan, und so hat alles angefangen zu schwären.

WINTER

UMBRINGEN Was dich nicht umbringt, macht dich stärker. Es verursacht außerdem Pickel und manchmal sogar Akne, aber es wird besser, es wird fast immer besser. Nur sehr wenige Erwachsene laufen noch mit Pubertätsakne herum.

10. KAPITEL, TEIL 1

Zucker …

Ich sitze allein in der Küche, und die Tür ist zu. Ich höre ein «Bing» von meinem Handy – eine WhatsApp-Nachricht von Theo.

Er bittet mich, zu ihm zu kommen. Was einmal unser gemeinsames Schlafzimmer war, ist jetzt definitiv seins. Die Pakete mit Flüssignahrung, Absaugschläuchen und Gummihandschuhen stapeln sich bis zur Decke. Das Krankenhausbett ist immer noch ein Krankenhausbett, selbst wenn wir die schönste Ausführung mit Holzverkleidung ausgesucht haben, sodass es mehr einem normalen Bett ähnelt. Theo wollte verständlicherweise nie sofort als Kranker identifiziert werden. Als er seine Tracheotomie bekam und noch laufen konnte, trug er sein Atemgerät in einem Rucksack mit sich, statt es auf dem üblichen Wägelchen zu transportieren. Viele Monate lang hielt er sich an anderen Leuten fest oder stützte sich auf, bevor er einen Rollator benutzte. So wie damals, als er Sam zum Schulbus brachte, hintenüberfiel und mit dem Kopf aufschlug. Das überzeugte ihn schließlich davon, sich endlich einen Rollstuhl zuzulegen. Ich habe seine erste Fahrt mit dem Rollstuhl und Sam gefilmt. Kinder haben nichts gegen Rollstühle, sie mögen Dinge, die sich bewegen. Ich erinnere mich noch an den Moment, als sich meine Großmutter die Hüfte brach. Sie konnte danach nie wieder laufen und saß von da an im Rollstuhl. Ich war ungefähr in Sams Alter und liebte es, sie von einem Zimmer ins nächste zu rollen. Manchmal schiebt Sam seinen Vater, manchmal sitzt er auf dessen Schoß. Es ist oft holprig, hier in Berlin gibt es eine Menge gepflasterte Straßen, aber es macht auch Spaß. Wir begreifen, wie praktisch es sein wird – oh, und wo wir überall hingehen können, ins Kino, ins Museum, wir können durch die ganze Stadt fahren.

Der Rollstuhl steht in der Zimmerecke, wo ich sonst meine Handtaschen aufbewahrte, neben dem Rollator, dem Toilettenstuhl, den Apparaten und den Ersatz-Apparaten, die man notfalls auf die Schnelle herbeischaffen kann. Und dann ist da das ununterbrochene Summen und Brummen der Geräte. Da sie eigentlich im Krankenhaus stehen, lassen sie, wann immer irgendetwas nicht stimmt, ein lautes Piepen ertönen, wahrscheinlich um die Schwestern auf dem Krankenhausflur zu alarmieren. Irgendetwas summt oder piept ständig. Erst Jahre später höre ich diese Geräusche nicht mehr. Sie sind wie ein Tinnitus, an den man sich gewöhnt hat. Ich trete ein.

«Ich möchte mit dir Sex haben», zwitschert die Stimme der Britin aus Theos Handy.

Dies ist das erste Mal, seit er seine Magensonde und die Tracheotomie bekommen hat. Ich kann mich nicht daran erinnern, dass ich in dieser Zeit irgendein Begehren oder den Wunsch nach körperlicher Nähe verspürt hätte. Einmal allerdings, bei einer Geschäftsreise nach London, habe ich mir beim Niesen oder etwas Ähnlichem den Nacken verrenkt. Ich ging in einen Laden, der Walk-In Backrub hieß. Der Masseur fragte mich: «Haben Sie Schmerzen?»

Ich wusste nicht, wo ich anfangen sollte, und zeigte bloß auf meinen Hals und den Rücken. Ich spürte, wie seine Hände mal hart zupackten, mal sanft streichelten. Am Ende massierte er mir noch ein wenig den Kopf und beendete die Behandlung, indem er seine Hand um meinen Hinterkopf legte. Ich glaube, Engel, die auf die Erde kommen, werden Masseure.

Ich bin auf meinen Geschäftsreisen so oft geflogen und machte dabei auf so vielen Flughäfen Station. Wenn ich durch die Sicherheitskontrollen musste und die Schleuse passierte, piepte sie manchmal, und die Sicherheitsleute mussten mich abtasten. Oft habe ich absichtlich Münzen in meinen Taschen gehabt, denn es fühlte sich gut an, angefasst zu werden.

Ich spüre Theos Blick auf mir. Ich weiß nicht, was ich sagen soll. Im ersten Moment denke ich, dass er vielleicht einen Witz reißen will, aber als ich ihn anschaue, liegt keinerlei Ironie darin. Er ist todernst. Meine Gedanken überschlagen sich plötzlich – schlafen die Kinder, sind die Katzen im Haus, wo ist die Pflegerin, ist die halbe Flasche Gin noch im Gefrierfach? Ich gehe wieder zurück in die Küche und finde den Gin hinter den gefrorenen Erbsen. Im Kühlschrank entdecke ich zwischen Eiern, Milch und Käse den Orangensaft – damit wird es gehen. Ich mixe mir einen Gin-Orangensaft-Cocktail in einem Kaffeebecher und kippe ihn runter. Die Kälte erwischt meine Kehle, betäubt sie fast, und ich schmecke den stechenden, harzigen Geschmack des Gins und die Säure des Orangensafts, aber es ist nicht schlecht. Ich mixe mir schnell noch einen. Schon nach wenigen Minuten spüre ich, wie der Alkohol mich entspannt und sich gleichzeitig eine gewisse Gleichgültigkeit meiner bemächtigt. Ich gehe ins Badezimmer, tusche mir die Wimpern und lege Lippenstift auf, sprühe mir Parfüm auf die Innenseiten meiner Handgelenke und in die Luft über mir. Spray, delay, then walk away. Ich bin so weit.

Ich begebe mich in sein Zimmer, schließe die Tür, schalte das

Deckenlicht aus. Theo wirkt ein wenig überrascht, dass ich wieder zurückgekommen bin. Ich finde seine Playlist auf seinem Laptop. *Sweet Dreams (Are Made of This)* von den Eurythmics, das wird gehen. Dann beginne ich ein wenig beschwipst im Licht seines Laptops zu tanzen, etwas unbeholfen und von der Anmutung her irgendetwas zwischen Striptease und Auftritt in einer Karaoke-Bar. Ich weiß nicht, wo das hinführt, und es ist zu spät, jetzt wieder aufzuhören. Ich trete zu ihm und schiebe meine Hand unter die leichte Decke, die auf seinen Beinen liegt. Er trägt nur seine Boxershorts. Ich kann fühlen, dass er sofort hart wird. Und dann streife ich ihm seine Boxershorts ab und beuge mich vor.

«Sweet dreams are made of this. Who am I to disagree?»

Ich schmecke den sauren Orangensaft, spüre sein Sperma in meiner Kehle. Darunter mischt sich der Geruch nach Krankheit, der im Zimmer hängt. Ich schlucke das alles herunter. Ich weiß, es ist das letzte Mal.

10. KAPITEL, TEIL 2

… und Salz

Eine Woche später hat uns Weihnachten im Griff. Wir sind jedes Jahr zu seiner Familie gefahren, und dieses Jahr ist es auch nicht anders. Natürlich müssen diesmal zwei Pfleger dabei sein. Sie arbeiten in Zwölf-Stunden-Schichten und wechseln sich ab, um sich zwischendurch ausruhen zu können.

Eines Tages, als wir einen Moment unter uns sind, fragen mich die Kinder, ob wir allein zu Oma mit dem Zug fahren können, ohne die Pfleger. Sie flüstern, es sei ihnen peinlich, diese Frage zu stellen. Sie merken, wie die anderen Menschen uns anstarren, wenn Theo dabei ist. Das Sabbern, das Absaugen, die Pfleger.

Mir ist klar, dass dies ein entscheidender Moment ist. Wie soll ich reagieren, was soll ich sagen? Ich weiß wirklich nicht, was ich tun soll. Ich bin hin und her gerissen zwischen dem Gefühl, den Jungs Freiraum geben zu wollen, damit sie der Situation auch einmal entfliehen können, und der Loyalität zu Theo, der sich doch einbezogen fühlen soll. Und was wünsche ich mir eigentlich? Ich möchte wieder zwölf Jahre alt sein und zu meinem ersten Konzert im Madison Square Garden gehen – die Bee Gees – Staying alive, ah, ha, ha, ha, staying alive.

Ich sage zu Theo: «Oh, wir nehmen einen Zug früher, um noch ein paar allerletzte Weihnachtsgeschenke zu besorgen.»

«Warum können wir denn nicht alle zusammen fahren?», hält er dagegen.

«Honey, gib uns zwei Stunden. Sie möchten eine Zugfahrt wie früher, im Speisewagen, Kuchen essen und Comics lesen.»

Er ist beleidigt. Er zwingt mich zu einer Entweder-oder-Entscheidung, aber genau da liegt mein Problem. Ich kann das nicht entscheiden.

Es ist der 25. Dezember. Am vorigen Abend ist das traditionelle Weihnachtsessen über die Bühne gegangen, wir haben Geschenke ausgepackt und uns alle bemüht, die gute Stimmung aufrechtzuerhalten.

Es ist das zweite Abendessen im großen Familienkreis. Wir haben alle viel getrunken. Die Kinder sind unten und spielen mit ihrem Lieblingscousin. Theo sitzt neben seiner Mutter. Wir räumen den Tisch ab. Ich weiß nicht mehr genau, ob seine Schwester oder ich den Rotwein auf der Tischdecke verschüttet haben.

Ich springe auf, um Salz zu holen und es auf den Fleck zu streuen. Ich komme zurück und streue stattdessen Zucker darüber. In einem anderen Leben hätten wir uns darüber lustig gemacht. Aber die Familie ist zu entnervt, zu angespannt, zu gereizt.

«Nein, rühr ihn nicht mehr an, ich habe Fleckenentferner», sagt die Mutter in scharfem Ton.

«Zucker. Wieso streust du denn Zucker darüber? Hausarbeit ist nicht gerade deine Stärke, Syd», lacht Theos Schwester.

Normalerweise hätte ich auch gelacht, aber ich verliere die Fassung.

«Hör doch auf. Du weißt genau, was ich tun wollte.» Ich fange an zu weinen.

«Und du hast auf alles eine Antwort», bricht es aus der Schwester heraus, die eine Menge getrunken hat.

«Es ist einfacher, nichts zu tun, oder? Bloß nette Mails zu schreiben – Schwesterherz, deine allerliebste Schwester –, anstatt einmal aufzutauchen, oder?», schreie ich und sage schließlich, was ich schon die ganze Zeit empfunden habe, dass ich von der Familie alleingelassen worden bin, seit Theo krank ist.

Da beginnt seine Schwester alles aufzuzählen, was ich falsch mache, von meiner Fürsorge für Theo über meine Kindererziehung bis zu meiner Persönlichkeit im Allgemeinen. Bevor er krank wurde, haben wir uns sehr gemocht.

«Du kümmerst dich nur noch um deine ultrawichtigen Jobs, bei denen du um die ganze Welt reist», sagt sie.

«Du kapierst es einfach nicht.» Ich weine, das Gesicht von Tränen verschmiert, verrotzt, kein schöner Anblick.

«Du hältst dich für etwas Besseres. Das hast du immer schon getan, so wie du dich benimmst.»

«Ich brauche nur etwas Hilfe.»

Die Mutter sitzt bloß da. Ihr Gesicht wird allmählich rot.

«Beruhigt euch jetzt mal wieder, alle beide!», schreit der Bruder uns an.

Er geht ins Nebenzimmer, um für die Mutter das Mittel gegen Bluthochdruck zu holen. In dem Moment kommen Henry und Sam von unten hoch. Sie blicken von einem tränenverschmierten Gesicht zum anderen und fragen: «Was gibt's zum Nachtisch?»

Ich stehe auf, verschwinde mit ihnen in die Küche und schneide drei Stücke vom Käsekuchen ab. Jetzt kann ich sogar schmecken, dass er nicht selbstgemacht ist.

Dann sitzen wir alle im Wohnzimmer und gucken schweigend den Loriot-Weihnachtsklassiker *Weihnachten bei den Hoppenstedts* mit dem Atomkraftwerk, das in die Luft geht.

In dem Sketch bekommt der kleine Junge den Modellbaukasten *Wir bauen uns ein Atomkraftwerk* geschenkt. Am Ende macht das Atomkraftwerk «Puff» und löst einen Super-GAU aus, während der Großvater in der Ecke sitzt und seine Marschmusik hört. Ich trinke ein Glas Rioja nach dem anderen, sitze auf der Couch, starre auf den Fernseher und wende meinen Blick nicht für eine Sekunde vom Bildschirm ab. Ich will absolut keinen Augenkontakt mehr, nicht mit einem Einzigen von ihnen.

Später am Abend, als ich allein mit Theo bin, frage ich ihn: «Warum hast du nichts getan?»

Er wollte keine Partei ergreifen. Er entschied sich dafür, nichts zu sagen, nicht einmal am nächsten Tag oder in den nächsten Wochen. Wenn er nicht wusste, was er tun sollte, tat er nichts.

Als wir abreisen, umarme ich die Mutter zum Abschied. Ich sage ihr, was ihre Tochter da gesagt hat, ist «unter die Gürtellinie gegangen».

Die Mutter, die in ihrem Leben eine Menge durchgemacht hat, gibt mir den Rat: «Es ist besser, sich ein dickes Fell zuzulegen.»

11. KAPITEL

(Wieder) Entdecken

Wenn ich in den sanften Südstaaten aufgewachsen wäre, hätte ich gesagt: «Ich hatte so eine Ahnung», aber wo ich herkomme, erklärt man stolz: «mein Bauch verriet mir, dass da etwas nicht stimmte». Meine Brust, mein Bauch, alle meine lebenswichtigen Organe, selbst die, die man nicht braucht, wie Blinddarm und Mandeln, schreien mich unisono an und raten mir, Theos Laptop zu durchforsten. In der Nacht zuvor hatte mir Theo aus heiterem Himmel via WhatsApp geschrieben, er wolle ausziehen, er wolle näher bei seinen Freunden sein, die zentraler wohnen.

«Wie, was meinst du damit? Zwei Wohnungen? Und was wird mit uns?» Das kam mir komisch vor. Sehr komisch.

Theo hat einen Arzttermin und verlässt die Wohnung, nachdem er sich mit Hilfe zweier Pfleger in den Rollstuhl gesetzt hat. Ich warte, bis ich höre, wie die Tür ins Schloss fällt, dann stürze ich mich auf seinen Laptop. Ich klappe ihn auf, und bevor ich überhaupt suchen muss, habe ich schon zwei Chats auf seinem Desktop vor der Nase: Einen mit seiner Freundin Monika, mit der er gerade ein Drehbuch schreibt. Er ist voller blumiger, aber auch sehr expliziter Stellen.

«Ich liebe dich.»

«Mein Liebster.»

«Ich war ihr erster Mann», prahlt Theo gegenüber einem Freund in einem anderen Chat.

Passiert das gerade wirklich? Ein Mann, der sich nicht bewegen kann, hat eine Affäre mit seiner lesbischen Freundin? Kann das wahr sein?

Ich lese weiter. Offenbar ist es mit Monika vorbei. Sie ist zu ihrer Freundin zurückgekehrt. Theo schreibt scherzend an einen Freund:

«Frauen.»

Den Ausruf kenne ich schon.

Ich verstehe. Er stirbt. Sein Körper schwindet, zerfällt, und Theo möchte sich noch einmal lebendig fühlen. Vielleicht bedeutet es nichts. Aber mir ist klar, dass es sehr wohl etwas bedeutet.

Der andere geöffnete Chat. Theo hat eine Affäre mit seiner Pflegerin Simona, mit der er David Bowies *Heroes* gehört hat und die einmal zu Besuch gekommen ist, als sie keine Schicht hatte. Ich dachte, sie wollte nur nett sein, als sie ihm eine Körperlotion kaufte und ihm seine Hände und Füße damit eincremte, ihm eine Duftkerze für sein Zimmer besorgte, während im Hintergrund David Bowie davon sang, dass wir Helden nur für einen Tag sein können.

«Was ich bei dir empfinde, habe ich so noch nie erlebt», schreibt er an sie.

Fuck you. Fuck you. You fucking fuck.

Ich sage mir, er macht das, weil er stirbt, nicht weil er einen anderen Menschen liebt.

«Lass uns», schreibt Theo in dem Chat, «Stück für Stück die verlorene Zeit nachholen, das, was wir schon viel früher hätten beginnen sollen. Lass uns alles ausprobieren. Lass uns so oft wie möglich Sex haben und unsere Körper spüren, solange es noch geht, bis wir keine Kraft mehr haben. Jeder Gedanke an dich ist schöner als alles, was ich in den letzten Jahren erlebt habe. Das Gute ist, dass ich bei alldem so klar und vollkommen ich selbst bin. Das Einzige, was ich schwer ertrage, ist, dass ich nicht mit dir zusammen bin.»

Ich sinke auf die Knie.

Was? Oh Gott. Nein, nein, nein. Warum?

Ich kann nicht schlucken. Ich atme bloß noch aus und kriege keine Luft mehr.

Ich klappe den Laptop wieder zu und beuge mich auf allen vieren hockend darüber, als wollte ich ein Kind vor einem Faustschlag beschützen. Und in diesem Moment kommen die Jungs vom Spielplatz nach Hause. Ich bin nicht sicher, ob sie mich je weinen gesehen haben. Ganz bestimmt haben sie mich aber noch nie in so einem Zustand erlebt.

«Mommy, hast du dir weh getan?» Henry läuft zu mir herüber.

Sam schaut Henry an, der mich anschaut.

«Mama, ist Dadas Computer kaputt? Weine nicht. Das kann man doch reparieren», sagt Sam und streicht mir über den Rücken.

«Mir geht's gut. Ich brauche bloß einen Schluck Wasser», erwidere ich und stehe auf. Ich fühle mich ein wenig wackelig auf den Beinen.

Ich bin in Theos Zimmer. Er weiß nicht, was ich weiß, er weiß nicht, was ich entdeckt habe, aber er weiß, dass etwas nicht in Ordnung ist, weil ich ihn seit Tagen meide. Wie gesagt, ich bin vorbereitet. Ich habe meine Sätze geübt, als Theo mich in sein Zimmer bittet, um zu *reden*.

Er schreibt langsam. Ich warte.

«Du wirkst angespannt», erscheint auf meinem Handy.

Ich starre noch einen Augenblick länger auf «Du wirkst angespannt», und dann lege ich los.

Ich schreibe: «Wirst du mir von deinen Affären erzählen?»

Er schaut auf sein Handy, als die Nachricht ankommt. Er blickt nicht auf. Seine Haare und seine Brille verleihen ihm ein jungenhaftes Aussehen, aber sein Mund steht offen, als wäre er permanent überrascht, und vom Kinn abwärts sieht man das klaffende Tracheostoma.

«Was für Affären?», fragt er.

Jetzt bin ich wirklich sauer. «Deine Liebesaffären?»

Ich warte.

Ist es dazu gekommen, weil ich keinen Sex mehr mit ihm wollte? Findet er mich nicht mehr begehrenswert? Ich dachte, selbst wenn wir nicht mehr miteinander schlafen, lieben wir uns doch immer noch.

«Die früheren?», fragt er, die Augenbraue erhoben.

Er hat mir von den Frauen erzählt, mit denen er geschlafen hat, bevor er mich kennenlernte. Ich mochte seine detaillierten erotischen Beschreibungen, und auch das Gefühl, dass ich irgendwie gewonnen hatte.

«Spiel keine Spielchen mit mir», sage ich, «ich meine die jetzigen mit der Pflegerin und mit Monika.»

Seine erste Affäre hat er mit Monika, seiner treuen Freundin, die ihn jede Woche besucht. Die loyale, lesbische Freundin. Loyal gegenüber dem Kranken? Loyal der Freundschaft gegenüber? Loyal dem Leben im Jetzt und Hier, dem Augenblick gegenüber? Sicherlich nicht loyal den Frauen gegenüber.

«Wirst du mir von deinen Affären erzählen?», wiederhole ich.

Und dann seine Antwort: «Wer hat es dir gesagt?»

Wie in den Mafiafilmen, die wir so gern zusammen gesehen

haben, ist der Überbringer der Nachricht die Ratte, schlimmer als das Verbrechen selbst.

Ich ignoriere seine Frage. Wenn ich etwas bin, dann eine Löwin, die ihr Liebstes beschützt, ganz besonders, wenn es um mich selbst geht.

Und jetzt dreht sich alles nur noch um Simona. Simona, Simona, ich habe gerade eine beschissene Pflegerin namens Simona kennengelernt, eine Pflegerin, die ihren Facebook Account unter dem Pseudonym Stardust führt. Ich habe meine Stalking-Hausaufgaben gemacht. Seiner Schwester und seinen Freunden gegenüber bezeichnet er sie als seine Freundin.

Und dann frage ich ihn: «Bist du verliebt?»

Es dauert nicht lange, um zwei Buchstaben zu tippen.

«Ja», antwortet er.

Es fühlt sich nicht an, als würde mir ein Fußball in den Magen geschossen und mir bliebe die Luft weg und ich hätte das Gefühl, nie wieder atmen zu können. Nein, ich empfinde keinen Schmerz, nur einen Verlust, wie damals als Kind am letzten Sonntag der Sommerferien, bevor die Schule wieder anfing.

Ich verlasse sein Zimmer und gehe in die Küche. Ich beuge mich über das Waschbecken und trinke Wasser direkt aus dem Hahn. Es spritzt mir in die Augen und läuft mir über den Mund, rinnt sogar meinen Hals herunter.

Die erste Reaktion meiner Freunde und Freundinnen, wenn ich ihnen erzähle, dass Theo nicht bloß eine, sondern zwei Affären hat, ist schierer Unglaube. Und gleich danach, beinahe im Scherz und auch ein wenig ehrfürchtig: «Wie macht er das denn?»

Es geht halt immer noch, so macht er das.

Als ich entdecke, dass Theo mich hintergeht und betrügt (ich finde diese Formulierungen viel besser, sie klingen vornehmer und akzeptabler als das Wort «Affären»), dreht es sich für mich nicht primär darum, dass er Sex mit anderen Frauen hat. Natürlich bin ich verletzt. Aber der Betrug besteht darin, dass mein Vertrauen zerstört wurde, meine natürlichen Instinkte, mein Urteilsvermögen und meine Intuition, die ich für überaus präzise gehalten habe. Und deshalb schmerzt und pocht mein ganzer Körper.

Für mich waren unser Sex und unsere Liebe immer dasselbe. Mit ihm zu schlafen war so innig, es hat uns jedes Mal wieder neu miteinander verbunden, jedes Mal wurde alles, was aus den Fugen geraten war, wieder eingerenkt, jedes Mal erinnerte uns daran, warum wir zusammen waren. Jedes Mal besagte: Ich wähle dich, und du wählst mich.

Wenn Theo nicht krank geworden wäre, wären wir dann immer noch zusammen? Hätte er trotzdem Affären gehabt? Wäre all das überhaupt geschehen? Ich kann es nicht sagen. Ich glaube, wir hätten es irgendwie hingekriegt wie eine Menge Paare: Kinder, Einladungen, Netflix, der Sommerurlaub, Wein, Sex. Was ich sicher weiß, ist, dass ich heute glücklicher bin, weil ich mein Leben nicht bloß irgendwie hinkriege.

Aber damals war ich komplett im Dunkeln und konnte den verdammten Lichtschalter nicht finden, Dumbledore, weil es so finster war.

*

Eines Abends arbeite ich noch spät an meinem Schreibtisch, als eine Mail auf meinem Bildschirm angezeigt wird. Sie stammt von Monika, es ist eine Rundmail, in der sie ihre neue Handynummer mitteilt. Ich denke, dies könnte vielleicht auch ein

Zeichen sein, dass wir uns treffen und reden sollen. Ich schicke ihr eine SMS an ihre neue Handynummer.

«Ich weiß Bescheid», schreibe ich.

«Es ist vorbei», schreibt sie zurück.

«Ich weiß.»

Mehr als alles andere möchte ich erfahren, warum. Da Theo es mir nicht verraten kann oder will. Alles, was er mir über sein Handy mitteilt, ist, dass ich nie genug Zeit für ihn hatte.

Ich schlage Monika vor, dass wir uns am nächsten Tag treffen.

Ich neige nicht zur Eifersucht, aber ich hasse es, belogen zu werden.

Ehrlicherweise fühle ich mich merkwürdig erleichtert, als wäre eine schwere Last von mir genommen worden. Ab jetzt sollen die anderen ihre Suppe selbst auslöffeln, die sie sich eingebrockt haben.

Wir treffen uns. Sobald ich den Raum betrete, laufen Monika schon die Tränen über das sommersprossige Gesicht. Ich war nie bei einer Beichte, nie im Beichtstuhl, aber dies erinnert mich an die Beichtszenen, die ich in Filmen gesehen habe.

«Es tut mir leid. Es tut mir alles so leid. Was soll ich bloß sagen.»

Ich schweige, in der Hoffnung, dass sie mir das Ganze erklären wird.

«Ich fühle mich sehr schlecht wegen all dem, was passiert ist», fährt Monika fort.

«Wenn du Vergebung möchtest, kann ich sie dir erteilen, ich habe wirklich nichts gegen dich persönlich, Monika. Ich kapier's nur nicht. Die ganze Geschichte.»

Sie beginnt zu erzählen, leise, versucht nicht, sich zu rechtfertigen, berichtet nur, was geschehen ist. Als sie in der Klinik war, kam Theo zu Besuch, selbst als er schon Mühe hatte zu laufen. Er erschien mit Apparaten und Pflegern. Zwei Menschen, dem Tod geweiht, die zusammenkommen. Monika verstand das als Zeichen der Hoffnung, dass jemand, der so entsetzlich krank war, sie aus ihrem schwarzen Loch holen wollte. Das hat etwas in ihr ausgelöst.

«Theo hat ein ziemlich übles Bild von dir gemalt. Er hat Sachen über dich gesagt und als ich dir später in der Küche über den Weg lief, habe ich begriffen, dass diese beiden Bilder nicht übereinstimmen», erzählt Monika.

Wenn sich eine Bevölkerungsgruppe innerhalb eines Landes von der Mehrheit loslösen will, geschieht das nur aus der Sehnsucht nach Unabhängigkeit und Autonomie? Oder liegt es daran, dass die Separatisten so dermaßen andersartige Vorstellungen hegen, dass sie als Teil der Mehrheit nicht überleben könnten? Theo und ich – wir sind wie ein Land, und er will sich nicht nur loslösen, er will es zerstören. Warum? Ist er neidisch darauf, dass ich laufen und sprechen kann, atmen und leben? Ist er neidisch auf meinen Erfolg? Oder liebt er mich nicht mehr?

Ich versuche meinen verschwommenen Blick wieder zu klären, wie wenn man aus dem dunklen Kino wieder ins helle Tageslicht tritt. Ich trinke den Rest meines Kaffees. Schmecke den Kaffeesatz. Mit der Zunge säubere ich meine Zähne.

Monika erzählt mir, dass er eine Front gegen mich aufbaut und dass ich seiner Schwester nicht trauen sollte und erst recht nicht Mimi Lu.

Ich habe eigentlich gedacht, ich würde wütend werden, aber ich werde bloß traurig. Wir verabschieden uns und umarmen uns sogar. Das war Monika.

Als ich nach Hause komme, ist mein Misstrauen Theo gegenüber wieder da. Ich gehe zu ihm.

Ich erkläre ihm, dass er, bis er auszieht, Simona treffen kann, wenn er das will, allerdings nur, wenn die Kinder in der Schule sind oder ich nicht zu Hause. Das sind meine einzigen Regeln. Mir ist schon bewusst, dass mir wieder irgendetwas vorgeworfen werden wird, und ich möchte mir nicht den Vorwurf einhandeln, einem sterbenden Mann seine letzten Wünsche zu verweigern.

«Okay», antwortet er.

Er sagt, er möchte es den Kindern selbst erklären, dass er auszieht.

«Okay», stimme ich zu.

Er erzählt den Jungs nichts von den Affären, sondern nur, dass er in vier Wochen auszieht und glaubt, es sei das Beste für alle, wenn er seine eigene Wohnung hat. Die Kinder fragen nicht, warum. Sie vermuten, es hat etwas damit zu tun, dass er krank ist, und gestehen mir, dass sie froh sind, wenn die Pfleger und Pflegerinnen weg sind.

Unser nächstes Au-pair, Ingi, platzt ohne Vorbereitung mitten in dieses Drama hinein. Nur eine Woche später, ich bin auf einer Geschäftsreise, höre ich, wie es in meiner Tasche unterm Tisch vibriert.

Mein Handy summt von einer SMS nach der anderen – alle von Ingi.

Ich hole es heraus und blicke darauf. Ich habe es immer noch nicht gelernt …

«Gibt es irgendeine Möglichkeit, dass du vielleicht anrufen kannst? :-)»

«Bitte ruf mich so bald wie möglich an.»

«Ich muss mit dir sprechen. Es ist wichtig.»

«Keine Sorge, mit den Kindern ist alles okay!»

Ich rufe sie gleich nach der Seminarsitzung an. Das Au-pair erzählt mir, dass Simona in der Wohnung ist. Es ist insofern ein Riesenproblem, als die richtige Pflegerin – die da ist, um Theo zu behandeln, nicht, um ihn zu vögeln – nicht in sein Zimmer kann, weil es abgeschlossen ist. Simona ist in die Küche gekommen, um sich ein Bier zu holen, während die Kinder sich dort aufhielten. Das geht gar nicht.

Ich schreibe aus meinem Hotelzimmer an Theo. «Was zur Hölle ist los? Wir hatten doch eine Vereinbarung!»

Er schreibt zurück: «Bist du wahnsinnig, willst du mein ganzes Leben kontrollieren? In Wahrheit passt dir doch die Situation nicht. Das kann ich verstehen. Aber du sagtest auch, du möchtest, dass ich glücklich bin. Daran musst du wohl noch ein bisschen arbeiten.»

Und in diesem Augenblick tut er mir nicht mehr leid, tut es mir nicht mehr leid, dass er krank ist, die schlimmstmögliche Krankheit hat. Es tut mir nicht mehr leid, dass er nicht mehr lange genug leben wird, um seine Enkelkinder zu sehen. Jetzt hasse ich ihn.

Als ich nach Hause komme, beschließe ich, es beiden Jungs getrennt voneinander zu erzählen. Sie sollen erfahren, was wirklich los ist. Ich sage zu Henry, dass ich mit ihm sprechen muss. Er fragt nicht mehr: «Gute oder schlechte Neuigkeiten.» Er hütet sich, den Mund aufzumachen, er ahnt es wohl schon. Wir machen einen Spaziergang, weil wir zu Hause keinen Ort haben, an dem wir ungestört sind. Bis auf einen Mann, der seinen Hund ausführt, sind wir allein. Wenn wir Englisch in Deutschland sprechen, haben wir immer das Gefühl, unter uns zu sein, selbst wenn wir in der Öffentlichkeit sind. Wir bleiben auf der Straße stehen.

«Henry», meine Stimme beginnt zu zittern, «ich muss dir etwas sagen über die Dinge, die zu Hause vorgehen.»

«Mom, was ist denn?»

Er ist vierzehn Jahre alt. Seine Stimme wird mit jedem Tag tiefer. Wenn er manchmal nach mir ruft, bin ich ein bisschen erschrocken – wer ist dieser Mann in unserer Wohnung, der nach seiner Mutter ruft?

Ich halte inne. «Theo zieht nicht aus, weil er zentraler wohnen und näher bei seinen Freunden sein will. Er ist in eine andere Frau verliebt, in diese Pflegerin, die neulich da war.»

Und irgendwie führt die Tatsache, dass ich mich diese Worte laut aussprechen höre, dazu, dass das Ganze noch realer wird.

«Was? Ist das dein Ernst? Was für ein Arschloch!»

«Henry. Das sagt man nicht.»

«Mom, es ist gut, dass er auszieht. Unser Zuhause fühlt sich gar nicht mehr wie ein Zuhause an.»

«Ich wollte dir die Wahrheit sagen.»

Er boxt in die Luft, und seine Muskeln treten hervor. «Du brauchst ihn nicht, du hast Sam und mich, und wir lieben dich.»

Er umarmt mich. Noch ist er einen Kopf kleiner als ich, aber kurz vor einem Wachstumsschub.

«Ich liebe dich auch. Und erzähl's Sam bitte nicht. Ich möchte das am Wochenende selbst machen.»

Arm in Arm gehen wir wieder nach Hause.

Jetzt muss ich es noch Sam erklären. Er wird in Kürze neun Jahre alt. Er kann sich an Theos Stimme nicht mehr erinnern, obwohl sein Vater erst seit einem Jahr nicht mehr sprechen kann. Henry kann sich auch nicht mehr daran erinnern. Und während ich mit einem Freund zusammen einen dieser Filme schneide, die ich für die Kinder mache, habe ich mir alte Filmaufnahmen angeschaut aus der Zeit, als die beiden noch klein waren. Eine Szene, in der wir alle vier in der Küche sitzen, Theo ist noch gesund. Wir halten Messer und Gabeln in unseren Händen und hämmern damit auf den Tisch und singen. Die Babysitterin muss das gefilmt haben.

«Wer ist der Mann?», frage ich meinen Freund.

«Das ist Theo, was redest du denn?»

«Nein, warte, das ist doch nicht – oh ja, du hast recht.»

Ich habe seine Stimme auch vergessen. Ich habe sogar vergessen, wie er einmal ausgesehen hat. Die Erinnerung ist verschwommen und trügerisch.

Es ist Samstag, und Sam und ich sind einkaufen. Er singt die Songs aus *Die Eiskönigin*, die er auswendig kann und genauso vorträgt wie die Disney-Figur. Er liebt es zu singen und zu tanzen und kann Menschen ziemlich gut nachahmen. Wir lachen, und ich möchte, dass dieser Augenblick für immer bleibt. Denn was nun auf ihn zukommt, ist etwas Schlimmes. Sam ist noch so klein. Theo hat ihm schon gesagt, dass er ausziehen wird, aber Sam hat nicht verstanden, warum.

Wir machen auf den Stufen des Rathauses Schmargendorf halt. Das Rathaus ist der beliebteste Ort in ganz Berlin für Hochzeiten, weil es drinnen einen wunderschönen Raum gibt und draußen eine prächtige Backstein-Fassade. Bis zu dreimal am Tag wird hier geheiratet, und wenn man an ganz normalen Tagen vorbeigeht, sieht man immer Tische mit Champagnerkübeln oder Oldtimer mit Schildern, auf denen *Just Married* steht. Hildegard Knef, die berühmte Chansonsängerin, hat hier geheiratet.

Für mich soll's rote Rosen regnen
Mir sollten sämtliche Wunder begegnen
Die Welt sollte sich umgestalten
Und ihre Sorgen für sich behalten

Sam und ich sitzen auf der Treppe. In den Büschen glitzern rote Aluminium-Herzen, und Rosenblätter schwirren durch die Luft, manche sind aufs Pflaster verstreut und schon schmutzig.

«Sam, ich muss dir etwas sagen.» Er ist alarmiert, weil ich *Sam* sage und nicht seinen Spitznamen *Gaba* verwende.

«Die Pflegerin, weißt du, die letzte Woche vorbeigekommen und Dada besucht hat? Das ist Dadas neue Freundin.»

Sams Augen, die inzwischen so groß wie Untertassen sind, werden noch größer, und er fängt an zu weinen. Er sagt nichts. Er stellt keine Fragen. Ich spreche weiter.

«Dada macht das nicht, um uns weh zu tun. Es geht ihm sehr schlecht, und er möchte etwas tun, dass ihn glücklich macht, damit er sich wieder lebendig fühlt.»

Nach ein paar Minuten blickt Sam auf und meint: «Ich hab mich schon gefragt, warum sie an zwei Tagen nacheinander zu Besuch gekommen ist. Und warum sie ihm Blumen mitgebracht hat.»

An jenem Tag endet ein Teil von Sams Kindheit. An jenem Tag verschiebt sich seine Welt, wie wenn sie in *Lost* am Rad drehen.

Ich bin in der Küche, und es klingelt an der Tür. Es klingelt andauernd an der Tür. Immer wird irgendetwas geliefert, Kisten mit Schläuchen oder Flüssignahrung, mit Gummihandschuhen, riesige Pakete. Irgendwann hat jeder Postbote mitbekommen, dass bei uns ständig jemand zu Hause ist, sodass auch alle Pakete für die Nachbarn in unserem Flur landen.

Die Pflegerin öffnet die Tür, und ehe ich mich's versehe, huscht schon eine Gestalt in Theos Zimmer. Es ist Simona. Ich sollte eigentlich beim Zahnarzt sein, aber mein Termin wurde abgesagt. Ich laufe nach unten, um wieder zu Atem zu kommen. Mein Herz beginnt zu klopfen. Ich bin nicht sicher, ob ich mich verstecken soll, bis Simona wieder weg ist, oder ob ich sie mir vorknöpfen soll. Ich weiß nicht, was ich ihr sagen soll. Ich habe eine Menge Reality-Shows gesehen, um mich abzulenken.

In *The Real Housewives of New Jersey* schaute ich zu, wie die Figuren ihre Konflikte lösen, in Restaurants Weingläser zertrümmern und mit einem halb zerbrochenen Glas und langen roten Fingernägeln, die tap-tap machen, der Frau drohen, die ihnen gegenübersitzt.

Ich steige die Treppe hoch. Simona wartet im Wohnzimmer, weil Theos Pflegerin in seinem Zimmer ist und ihm den Speichel absaugt.

Ich baue mich vor ihr auf. «Vielleicht sollten wir mal miteinander reden.»

«Oh, ich wusste nicht, dass du da bist. Ich dachte, du wärst beim Zahnarzt. Wenn ich gewusst hätte …», setzt Simona an.

Ich unterbreche sie. «Dies ist eine total bizarre Situation.»

«Ich wäre nicht hergekommen, wenn ich gewusst hätte, dass du zu Hause bist», entgegnet sie.

«Das Ganze ist nicht bizarr», fahre ich fort, «weil ich hier bin, Simona. Es ist bizarr, weil ich mit Theo verheiratet bin und du gleich in sein Zimmer gehst, um mit ihm zu schlafen.»

«Ich ergreife überhaupt nicht Partei. Ich bin völlig neutral.»

«Wenn du meinen Mann vögelst, ist das nicht völlig neutral», kontere ich und rufe das New-Jersey-Housewife in mir auf. «Simona, ich habe weder etwas gegen dich noch gegen Theo, noch dass ihr eure Liebe entdeckt habt in dieser wirklich sehr merkwürdigen Lage, aber ich brauche deine Hilfe, damit Theo aus dieser Wohnung auszieht und wir drei unseren Frieden finden.»

Ich habe das Gefühl, alles unter Kontrolle zu haben, und die Worte kommen mir wie von selbst aus dem Mund, sind auf den Punkt und direkt wie bei einer Militärparade.

«Theo hat mir erzählt, du wärst beim Zahnarzt. Ich wäre nicht gekommen, wenn ich gewusst hätte, dass du zu Hause bist», sagt Simona noch einmal.

Ich sehe sie an. Zum Teil bin ich erleichtert, wenn ich sie

ansehe, weil ich weiß, das ist nicht mehr meine Geschichte. Mir fällt der Bystander-Effekt ein, das sogenannte Genovese-Syndrom. Wurde bekannt durch den Mord an Kitty Genovese. Es beschreibt, dass man weniger bereit ist zu helfen, wenn man feststellt, dass noch andere Leute in der Nähe sind.

Genau so fühle ich mich und verlasse das Zimmer.

12. KAPITEL

Are you safe?

In Deutschland gibt es keine Captain-Crunch-Cerealien. Stattdessen gibt es Regale voller Müslis, die von gesund über sehr gesund bis zu etwas, was geschmacklich an Sägemehl erinnert, rangieren. Man muss sich schon anstrengen, um etwas ordentlich Ungesundes essen zu können.

Es ist Dezember. Wenn ich morgens im Zimmer der Jungs aufwache und der Himmel so grau ist wie am späten Nachmittag, rede ich mir ein, dass meine Umgebung, solange ich meine Augen geschlossen halte, nicht real ist. Ich kann mich dazu bringen aufzuwachen, ohne die Augen zu öffnen, und mir einbilden, das Leben sei für diese Sekunden wieder gut. Aber dann öffne ich sie. Ich sehe Henry auf der anderen Seite des Zimmers schlafen und Sam mit Paddington Bär im Arm, und mir fällt wieder ein, dass das alles nicht nur ein böser Traum ist. Dies ist mein Leben, mein Mann ist unheilbar an ALS erkrankt und hat zwei Affären, und ich sehne mich bloß nach meinem freundlichen Captain Crunch mit seinem weißen Schnurrbart, um meinen Kummer in einer Schüssel Cerealien mit Milch zu ertränken.

Aber als ich an diesem Tag aufwache, ist es anders. Meine gute Freundin Robin kommt aus New York zu Besuch, und ich habe weitere Freunde eingeladen. Dies ist meine erste Abendesseneinladung seit zwei Jahren, und die Vorstellung, in wenigen Stunden zu kochen, Musik zu hören und später Rotwein zu trinken, führt dazu, dass ich aus dem Bett springe. Theo zieht am nächsten Tag aus, und die Monate der Kämpfe, Demütigungen und der Erschöpfung sind bald vorbei. Ich werde mein Zuhause zurückbekommen.

Es ist früher Abend. *Killing me softly* von Lauryn Hill läuft im Hintergrund. Die Stimmen und das Gelächter meiner Freunde erfüllen die Küche, während ich Knoblauch hacke und die Kapern wässere.

Izabela, die Pflegerin aus Tschechien, klopft an die Küchentür. Seit die Affären ans Licht gelangt sind und unsere Anwälte Krankenbesuche abstatten, um die Scheidungsmodalitäten zu diskutieren, bleiben die Pfleger und Pflegerinnen, die alle zwölf Stunden wechseln, fast ausschließlich in Theos Zimmer. Sie ergreifen aber keineswegs Partei für ihn. Eine Pflegerin versucht sogar, mir beizustehen, und erzählt mir, dass ihr Mann sie auch gerade verlassen hat, damit ich mich besser fühle. Ich weiß, was sie damit versucht, aber ich fühle mich dadurch überhaupt nicht besser, ich muss bloß denken, dass es immer noch schlimmer werden kann.

Izabela tritt in die Küche. Sie lernt gerade erst Deutsch und verkündet: «Entschuldigung, ich Ihnen sagen muss, Theos Bruder ist hier bald.»

Was? Moment. Theos Bruder Frank, den ich seit fast einem Jahr nicht mehr gesehen habe, der einer derjenigen war, die mir vorwarfen, mich nur für meine Karriere zu interessieren, dieser Mann, der einmal mein Schwager war, kommt jetzt hierher? Wenn ich das gewusst hätte, wäre ich niemals hiergeblieben. In den letzten Monaten habe ich immer die Wohnung verlassen, wenn ich erfuhr, dass jemand aus Theos Familie oder ein Freund oder eine Freundin einen Besuch abstatten wollte.

Frank unterscheidet sich sehr von Theo, vom Aussehen bis zu seinem Verhalten. Er ist drahtig, läuft jeden Monat einen Marathon, kann alle möglichen Dinge reparieren und ist perfekt organisiert, aber es ist nicht gerade ein Vergnügen, mit ihm zusammen zu sein, weil er bei jeder Kleinigkeit in die Luft geht. Theo, der jüngste Sohn, hat immer alle zum Lachen gebracht und war der Liebling seines Vaters.

«Warum hat mir Theo das denn nicht gesagt?», frage ich, während Izabela lächelt und wieder verschwindet.

Genau in dem Moment klingelt es, und durch die verglaste Küchentür bemerke ich, wie Frank auf dem Flur vorbeiläuft. Er blickt mich an und steuert dann geradewegs auf Theos Zimmer zu.

Er provoziert mich, dringt in mein Revier ein. Entweder ist es der Wein oder die Tatsache, dass meine Freunde hier sind, aber ich stehe taumelnd von meinem Stuhl auf und marschiere in den Flur. «Willst du hier vorbeischleichen und nicht mal guten Tag sagen?»

«Ich bin nicht wegen dir hier. Ich will Theos Computer in Ordnung bringen. Mach keinen Aufstand und geh mir aus dem Weg.»

Er drängt sich an mir vorbei in Theos Zimmer. Ich folge ihm und greife nach der Türklinke, damit ich sie zuziehen kann. Frank hält mich davon ab, indem er seinen Fuß zwischen Tür und Rahmen schiebt, sodass ich sie nicht schließen kann.

«Schlag die Tür nicht zu», sagt er, und auf seiner Stirn treten die Adern hervor.

«In meiner Wohnung kann ich tun, was ich will!», schreie ich.

«Sprich leiser und benimm dich.»

Ich hasse das Wort. Benehmen. Zu einem Mann sagt keiner, er solle sich benehmen. Es sind immer nur Frauen, Kinder und Hunde, die sich das anhören müssen.

«Du bist ein blödes Arschloch!», brülle ich.

Bei diesen Worten zieht Frank den Fuß weg, sodass ich hintenüber kippe und dabei die Tür mit einem Knall zuziehe.

«Hau ab und trink deinen Rotwein mit deinen netten Freunden», ruft er durch die geschlossene Tür.

Ich stürme wieder in die Küche. Tränen strömen mir über das Gesicht.

«Du blödes Arschloch!», schreie ich noch einmal laut genug, um sicherzugehen, dass er es auch hören kann.

Meine Freunde und ich versammeln uns in der Küche am Spülbecken. Eine Freundin streicht mir über den Rücken, zwei andere beraten, was wir jetzt tun sollen, einer schenkt mir noch etwas Rotwein ein, die andere rührt den Knoblauch um, der in der Pfanne schwarz geworden ist.

Dann, vielleicht nach fünf Minuten, nicht einmal so lange, wie Nudeln zum Aufkochen brauchen, klingelt es wieder an der Tür. Diesmal ist es Mimi Lu. Mimi Lu, Theos Exfreundin. In den letzten Monaten ist sie zu jeder Tages- und Nachtzeit in unserer Wohnung aufgetaucht, redet mit seiner Familie, sucht eine Wohnung für ihn, besorgt ihm einen Anwalt, verhält sich wie «die gute Ehefrau», verbreitet aber auch Gerüchte über mich.

An dem Tag, an dem ich seine Affären entdeckte, ging ich ins Badezimmer und zog meinen Ehering vom Finger. Ich begann an den Wochenenden wieder allein auszugehen, zum ersten Mal seit zwanzig Jahren. Ich war gerade bei der Eröffnungsfeier in der Galerie einer Freundin, als ich eine merkwürdige SMS von Theo erhielt. Er fragte mich, ob ich den folgenden Satz über ihn geschrieben hatte: «Dieses Ungetüm muss aus meiner Wohnung raus.»

Das alte deutsche Wort «Ungetüm» wird nur noch selten verwendet, höchstens in Märchen. Als ich ihm zurückschrieb,

«Ich kenne das Wort nicht einmal», antwortete er: «Das dachte ich mir schon. Mimi Lu ist verrückt.»

Später am Abend, ich war wieder zu Hause, fragte ich ihn, warum er sie wieder in sein Leben ließ, wenn er doch wusste, wie verrückt sie ist. Er zuckte bloß mit den Schultern. Mir war nicht klar, ob das Schulterzucken bedeuten sollte, dass er es selbst nicht wusste oder dass es ihm egal war. Zu diesem Zeitpunkt war seine Krankheit schon so weit fortgeschritten, dass ich seine Körpersprache überhaupt nicht mehr deuten konnte.

Und jetzt sehe ich Mimi Lu auf meinem Flur. Ich habe in der Küche mit meinen Freunden wieder Kraft geschöpft. Ich bin nicht allein. Das habe ich begriffen. Ich trete auf sie zu, stelle mich zwischen sie und Theos Zimmer und spreche höflich und bestimmt. «Was machst du hier, Mimi Lu?»

«Ich bin hier, um Theo zu besuchen und ihm bei seinem Computer zu helfen», sagt sie, nimmt ihren Hut ab und streicht ihr abstehendes, weißblondes Haar hoch.

«Oh, du reparierst jetzt auch Computer? Das wusste ich nicht. Du kannst ja wirklich alles.» Meine Stimme wird brüchig. «Es tut mir leid. Ich muss dich bitten, meine Wohnung zu verlassen.»

Ich spüre, wie mir wieder die Tränen kommen. Verdammt, ich wünschte, ich würde nicht immer so schnell anfangen zu weinen.

Aber während ich sie noch bitte, zu gehen, streift Mimi Lu schon ihre Schuhe ab, legt den Schal beiseite, zieht die Lederjacke aus.

«Syd, jetzt hör mal zu. Du bist paranoid. Niemand ist hier gegen dich. Lass mich vorbei.»

Sie geht in Theos Zimmer und schließt die Tür. Ich kann hören, wie sie mit Frank und der Pflegerin spricht.

Ich renne wieder in die Küche und greife nach meinem Handy, in dem ich immer noch die «Mimi Lu ist verrückt»-SMS von Theo gespeichert habe. Mal sehen, was passiert, wenn sie das liest. Ich bin entschlossen, diese Auseinandersetzung zu gewinnen. Ich werde ihr klarmachen, dass sie mit ihrer Tour nicht durchkommt und dass Theo nicht auf ihrer Seite ist.

«Hier», sage ich, während ich in das Zimmer platze und das Handy wie eine Trophäe hochhalte.

Mimi Lu liegt zusammengekauert im Krankenhausbett neben Theo, der Bruder arbeitet in der Ecke an Theos Laptop.

«Hier, Mimi Lu, schau mal, was Theo über dich geschrieben hat.» Sie blickt nicht einmal auf, und Theo beobachtet nur den Kampf zwischen zwei Frauen. Ist es das, was er immer gewollt hat?

«Syd, du bist paranoid», sagt Mimi Lu.

«Wir führen ein Privatgespräch. Du kannst wieder gehen», mischt Frank sich ein.

«Warum hast du die Annahme des elektrischen Rollstuhls letzte Woche verweigert?», fragt Mimi Lu.

«Ich war letzte Woche nicht hier», schreie ich sie an.

«Rede leiser.» Wieder ein Kommentar von Frank.

«Und wo hast du das Buch mit Theos Medikation? Das ist kein Witz, Syd, das ist wichtig. Wo hast du es hingetan?», fragt Mimi Lu besorgt.

«Was für ein Buch? Warum sollte ich das Buch wegnehmen?», frage ich.

«Vielleicht solltest du jetzt das Zimmer verlassen. Wir führen ein Privatgespräch.» Frank wird lauter.

Aus jeder Zimmerecke wird mir irgendetwas vorgeworfen. Ich schreie und weine, und sie brüllen mich an. Eine Freundin kommt herein und zieht mich aus dem Zimmer.

Dann drehe ich mich um und sehe, wie mein kleiner Sam

die Treppe hochsteigt. Er hat mit Kopfhörern Wii-Party gespielt und mustert uns alle mit riesigen Manga-Augen. Wir erstarren für einen Moment.

Meine Freundin Robin nimmt ihn wieder mit die Treppe herunter.

«Komm, lass uns Uno spielen, Sam.»

Abrupt wende ich mich um und verschwinde in der Küche.

Stunden später. Sam schläft, und meine Freunde und ich versammeln uns mit den aufgewärmten Nudeln und dem verbrannten Knoblauch im Wohnzimmer. Ich spüle das Ganze mit Rotwein herunter. Sie tun alles, um die Stimmung aufzuheitern. *Too-da-Loo Mimi Lu*, singt eine Freundin, und wir lachen, als wäre es der größte Brüller aller Zeiten, aber wir kommen immer wieder auf das Geschehene zurück und analysieren und sezieren es von allen Seiten und aus jeder nur denkbaren Perspektive. Erst als ich mich ins Bett fallen lasse, vom Weinen ganz erschöpft, bemerke ich die SMS und die Nachrichten aus der ganzen Welt: «Alles in Ordnung?», «Are you safe?». Mein Facebook Feed ist übergelaufen mit «marked safe», «marked safe». Es ist der 19. Dezember, der Abend des Terroranschlags auf den Berliner Weihnachtsmarkt. Ich kann nicht einmal anfangen, die Anfragen zu beantworten. Ich klappe meinen Computer zu und starre in die Dunkelheit.

The world is falling apart.

DIE 5. JAHRESZEIT

LEBEN Wenn das Leben dir Zitronen gibt, verweigere die Annahme. Was auch immer du tust, lass dich nicht darauf ein.

13. KAPITEL

Bis dass der Tod euch scheidet

Theo wird von vier Sanitätern in einen Krankenstuhl gehoben. Draußen ist es kalt, und er ist dick eingepackt in seinen Wintermantel und eine unechte, flauschige Pelzmütze. Sie warten im Flur, während die Pflegerinnen die Unterlagen und die nötigen Apparate und Gerätschaften zusammensuchen, die er in seiner neuen Wohnung braucht. Heute zieht er aus.

Bestimmt schwitzt er in seiner warmen Kleidung. Seine Brille rutscht herunter. Ich schiebe sie ihm wieder hoch.

«Ich hätte nie gedacht, dass es mal so zu Ende gehen würde», sage ich mit brüchiger Stimme.

Ihm laufen stille Tränen über das Gesicht. Ich weine jetzt auch.

Er sieht zu mir hoch. Ich küsse ihn auf die Stirn.

«Auf Wiedersehen.» Beinahe füge ich «Honey» hinzu, kann mich aber gerade noch bremsen.

Ich merke, dass ich die Sanitäter aufhalte, und trete beiseite.

Den Umzugsleuten gebe ich alle Möbel und Lampen mit, die ihm und seiner Familie einmal gehört haben, seine gesamte Kleidung, seine CDs, DVDs und die schweren, nie ausgepackten Kisten aus seiner allerersten Wohnung, in denen sich wer weiß was befindet. Alles außer dem Vitamix, einem Hochzeitsgeschenk, das wir bekommen haben, als Theo schon Schluckbeschwerden hatte. Inzwischen ist er unentbehrlich für meine Green Smoothies, die ich mir regelmäßig zubereite. Diesen Mixer werde ich nicht mehr hergeben und verstecke ihn sogar, als die Umzugsleute eintreffen.

Ich brauche einen Neuanfang, eine neue Festplatte.

Im Schlafzimmer steht jetzt nicht nur kein Krankenbett mehr, kein Rollstuhl, kein Rollator, kein Toilettenstuhl, stehen keine Kartons mehr mit Flüssignahrung, Schläuchen und Gummihandschuhen. Die Apparate und Ersatzapparate sind ebenfalls fort. Es ist außerdem ungewohnt still im Zimmer, keine Geräusche mehr. Das ständige Summen ist verschwunden, die Stille ist geradezu unheimlich. An der Wand ist ein Fleck, der wie der Umriss von Italien aussieht.

Es sind nur noch ein paar Tage bis Weihnachten, und ich bin Jüdin. Ich weiß nicht, was ich jetzt tun soll. Ich bin allein mit den Kindern, ohne Familie in einem Land, das nicht mein eigenes ist. Wir haben keinen Tisch, keine Couch, von der Decke baumeln nackte Glühbirnen. Die Wohnung wirkt, als wäre sie auseinandergenommen worden, wie ein Football-Feld nach einem Match. Ich sage den Jungs, wir werden alles feiern, Weihnachten, Chanukka, Kwanzaa – ich habe das gegoogelt, klingt gut, machen wir.

Zu dritt ziehen wir los und kaufen unseren ersten Weihnachtsbaum, nur ein paar Straßen weiter an der Ecke. Und wenn man plötzlich zwischen lauter Weihnachtsbäumen in den unterschiedlichsten Formen und Größen steht, muss man sich entscheiden, und genau das tun wir auch und kaufen den schönsten. Wir tragen ihn, von kleinen Verschnaufpausen unterbrochen, gemeinsam nach Hause. Als Nächstes besorgen wir Weihnachtsdekoration, darunter Dinge, die günstig und massenhaft angeboten werden, aber auch wunderschöne, handgefertigte Stücke, die man auf Weihnachtsmärkten findet. Ich frage meine Freunde in New York, ob sie meinen Kindern Weihnachtsgeschenke schicken können. Mir ist egal, was. Ich möchte nur nicht allein mit ihnen dasitzen. Wenn wir nur uns dreien gegenseitig Weihnachtsgeschenke machen, wäre das zu erbärmlich.

«Es ist Nacht an der Ostküste, ich denke an dich, Syd, wie vermutlich alle von uns. Ich schicke dir viel Liebe, Kraft und Zuversicht. Im Moment können wir dir nur sagen, lebe von einem Augenblick zum nächsten, liebe dich.»

Beinahe jeden Morgen wache ich zu einer neuen Liebesbotschaft von irgendwoher auf. Zeitzonen sind etwas Wunderbares, denn wenn man, wie ich, Freunde auf der ganzen Welt hat, ist immer irgendjemand gerade wach und denkt an einen. Kaum dass ich meine Freunde wegen der Geschenke angesprochen habe, treffen täglich Pakete aus den Staaten ein, und die Kinder finden, dass es das beste Weihnachten aller Zeiten wird. Wir sind das erste Mal alleine, seit wir in diese Wohnung gezogen sind, keine Pfleger, nur wir.

Ich möchte, dass die Wohnung von all der schlechten Energie gereinigt wird, die sich in den vergangenen Jahren angesammelt hat, und überlege, das Zimmer, das einmal unser Schlafzimmer war, zu streichen. Nur wenige Tage später ruft mich meine Freundin Cassie an: «Ich habe in einem Bioladen eine Anzeige von einer Frau entdeckt, die Space Clearing macht.»

Ich rufe sie an. Sie heißt Anja und ist Deutsche. Ehrlich gesagt habe ich gehofft, dass sie aus einer etwas exotischeren Gegend stammt. Die Deutschen sind großartig, wenn man sich über Philosophie, Technik oder *Fahrvergnügen* unterhalten will, aber wenn es um Spiritualität oder die Rätsel des Menschseins geht, sind sie nicht gerade meine erste Wahl. Aber ich kann es mir nicht leisten, wählerisch zu sein, und die Frau kennt sich aus.

Ich erzähle ihr, was passiert ist, und sage dann: «Ich möchte mein altes Schlafzimmer streichen, um einen Neuanfang zu machen.»

Sie antwortet voller Nachdruck: «Oh, nein. Das darfst du nicht. Du solltest das Zimmer erst streichen, wenn die Energie wieder gut ist, oder du streichst die schlechte Energie mit hinein.»

Das überzeugt mich. Sie weiß, was sie tut. Schlechte Energie mit hineinstreichen, je häufiger ich das wiederhole, desto mehr denke ich, wer würde so etwas tun, der bei Verstand ist?

Space-Clearing-Anja kommt einen Tag später für drei Stunden in meine Wohnung. Es ist ein wolkenverhangener Tag. Meine beste Freundin Catherine ist bei mir; die Kinder sind in der Schule. Wir betreten das leere Schlafzimmer, das Theos Zimmer und davor einmal unser Zimmer gewesen ist. Wir setzen uns auf einen Teppich auf dem Dielenboden, Anja sitzt am Kopfende und ich ihr gegenüber, Catherine an der Seite. Auch die Katzen kommen dazu, sie spüren etwas. Und sobald Anja eine Tierhaut auspackt, erinnern sie sich an ihr früheres Leben als wilde Tiere und Jäger und beginnen zu schnuppern und zu kratzen und müssen vom Ritual ausgeschlossen werden und den Raum verlassen. Anja öffnet ihre Zaubertasche und holt eine riesige Adlerfeder heraus, eine Trommel, Salbei, Rosmarin, Löwenzahn, Weihrauch und Pinyon-Kiefer. Dazu einige Knochen und ein Messer. Sie zündet eine Kerze an. Kurz zuvor hat sie eine kleine Schüssel, ähnlich einer Müsli-Schale, herausgeholt, in die sie die brennenden Kräuter legt. Es riecht gut. Während der Ritualhandlungen raucht Anja. Ich weiß nicht genau, was sie raucht, aber nein, das ist es nicht. Sie sagt, ich könne ihr Fragen stellen, und sie wird ihre Helfer um Antworten bitten. Ich weiß, ich weiß, aber bleiben Sie bei mir.

Meine erste Frage lautet: «Geht es den Kindern gut?»

Anja atmet ein und aus. Sie wartet und lauscht.

«Den Kindern geht es gut», erklären ihr die Helfer.

Jetzt fragt sie mich. «Als Theo und du geheiratet habt, hast du da gesagt: ‹Bis dass der Tod uns scheidet›?»

«Das wurde bei der Zeremonie nicht ausdrücklich ausgesprochen, aber natürlich war es so gemeint», antworte ich und bekomme ein mulmiges Gefühl.

«Dann bist du spirituell an ihn gebunden, bis er stirbt», entgegnet Anja.

Mir wird bang ums Herz.

«Es sei denn», fährt sie fort, «du möchtest von diesem Versprechen befreit werden.»

«Ich bin nicht sicher. Was wäre jetzt das Richtige?»

Anja sagt, sie wird sich mit ihren Helfern beraten.

Sie atmet wieder ein, atmet aus, raucht ihre Zigarette, und dann lauscht sie, leise summend.

Nachdem sie die Meinung ihrer Helfer gehört hat, verkündet sie, es wäre besser, das Versprechen zu lösen. «Das wäre gut für dich, aber auch besser für Theo», fügt sie hinzu und schaut mich an.

Woher weiß sie das? Konnte sie spüren, dass Theo niemals bereit war, wirklich mit mir zusammen zu sein? Vielleicht gar nicht hatte heiraten wollen? War das in Wirklichkeit bloß meine Idee gewesen? Könnte es sein, dass meine Bindung an ihn etwas für ihn Erstickendes gehabt hat? Dass er sich zu vereinnahmt fühlte? Könnte es sein, dass die Affären der einzige Weg für ihn gewesen sind, sich aus der Umklammerung zu lösen und seine Macht über sich selbst zurückzugewinnen, die Dinge wieder in die eigene Hand nehmen zu können? Gehörte sogar die Krankheit dazu? Vielleicht. Könnte sein.

Anja beginnt zu trommeln und schneller und lauter zu singen, und der Rhythmus bekommt etwas Frenetisches.

Sie schließt die Augen.

Sie sagt mir, was sie sieht.

Unser Versprechen, zusammenzubleiben, treibt vorüber wie eine Wolke – bang – «bis der Tod uns scheidet» – bang-bang – und dann fliegt ein Adler über den Himmel – bang-bang –, während Anja die Trommel schlägt.

Ich
Weiß
Nicht
Ich weiß nicht
Soll ich
Jetzt
Etwas
Spüren
Ta tum, ta tum
Ich möchte gern
Ich will
Jetzt
Aber
Nix
Vielleicht
Nachdem alles
Gesagt
Und
Getan
Ist
Vielleicht hat er mich nicht geliebt
Vielleicht ist es das
Wird alles wieder
Gut sein?
Bang.

Anja kommt zum Ende, und dann, mit einem noch lauteren BANG-BANG-BANG, löst sich unser Versprechen, zusammenzubleiben, bis dass der Tod uns scheidet, in Luft auf.

Ich weine. Ich kann nicht einmal bestimmen, ob ich jetzt erleichtert oder traurig bin. Ich bin nur verdammt müde.

Anja gibt mir Ratschläge, in welcher Farbe ich mein Schlafzimmer streichen soll.

«Nimm etwas Erdfarbenes. Du musst geerdeter sein.» Ich liebe Anja.

«Zieh erst in einem Monat wieder in das Zimmer ein und lüfte den Raum so oft wie möglich durch.» Sie ist eine Schatztruhe voller praktischer Tipps.

«Tu weniger. Mach langsam und nimm dir Zeit.»

Sie ergreift meine Hände, die in ihren Händen zittern.

«Und wenn du so weit bist, und du musst dich hier nicht unter Druck setzen, sag Theo, dass er in euren Leben weiterleben wird.»

Und mit diesen Worten lässt Anja meine Hände los, und wir entfernen uns aus dem Zimmer, um auch den Rest der Wohnung auf diese Weise zu reinigen.

Sie schreitet voraus, zündet Salbei an und säubert alle Ecken, Fußböden und Wände von jeglicher negativen Energie, alle Stellen, an denen etwas Schlechtes passiert ist. Im Schlafzimmer, dem Flur, dem Eingang, der Wohnungstür, dem Badezimmer (ich brauche neue Badematten und eine neue Klobürste, sagt sie, ohne Wertung in der Stimme); sie säubert die Küche, die Schränke, das Wohnzimmer, die Terrasse. Catherine hält eine Schüssel mit Wasser in der Hand, und ich gehe umher und sprenkle Wasser, nachdem der Salbei entzündet worden ist.

«Wünsch dir etwas», sagt Anja beiläufig.

Etwas wünschen, wenn man die Kerzen auf der Geburtstagstorte ausbläst oder eine Wimper wegpustet, die einem ausgefallen ist – solche Wünsche erscheinen wunderlich, wenn ich bedenke, dass ich die letzten beiden Jahre nichts anderes getan habe, als zu hoffen, zu beten und zu flehen. Aber ich folge ihrer Anweisung und formuliere stillschweigend Wünsche.

Anfangs sind es die üblichen – ich wünsche mir Gesundheit, was man nur vermisst, wenn man krank oder alt ist; ich wünsche mir, wieder glücklich zu sein, dass Henry und Sam sich immer nahe sein werden, ich wünsche mir Frieden – für mich selbst und die Welt. Aber je länger ich im Stillen nachdenke, desto spezifischer werden meine Wünsche. Ich wünsche mir eine Lederjacke und wieder einmal geküsst zu werden, wieder zu lachen und albern sein zu können.

Irgendwann ist die gesamte Wohnung gereinigt. Anja begräbt die Asche in meinem Garten, und die Zeremonie ist offiziell beendet. Wir stehen in meinem Wintergarten.

Ich frage Anja, ob ich sie umarmen darf. Es fühlt sich richtig an. Ich tue es.

Und plötzlich erscheint die Sonne hinter den dunklen, grauen Wolken, genau da, wo wir stehen, wie ein Scheinwerfer, sie scheint mir direkt ins Gesicht. Kein Witz. Wirklich nicht. Es ist tatsächlich wie in einem Spielberg-Film.

Weihnachten ist da, nicht ganz zwei Jahre, seit Theo seine erste Diagnose bekommen hat. Wir sitzen in dem halb leeren Zimmer. Unser Weihnachtsbaum steht in der Mitte. Er ist mit so vielen roten und silbernen Kugeln dekoriert, dass er wie eine alte Dame mit zu viel Lippenstift und Schmuck wirkt. Rentier- und Schneemann-Ornamente, Sterne und Monde, ein großes Lebkuchenherz und Nikoläuse in verschiedenen Formen und Größen hängen an diesem wunderschönen Baum, der nach Nadeln duftet und glaubt, er sei am Leben, weil sein Ständer mit Wasser gefüllt ist.

Silbernes Lametta bedeckt die Zweige, dass die Tanne fast wie eine Trauerweide wirkt. An manchen ist zu viel, andere Zweige sind ohne Schmuck. Ich habe nie gelernt, wie man Lametta verwendet. An der Spitze haben wir weiße Lämpchen befestigt, grüne blinken in der Mitte, auf Augenhöhe mit Henry, und weiter unten, dort, wo Sam hinreichen kann, leuchten die roten Lämpchen.

Unsere Katzen schlafen in leeren Amazon-Prime-Kartons unter dem Baum und bilden sich ein, sie befänden sich in der Natur. In diesem Zauberwald hängt ein Slinky, hängen Comic-Bücher, Frisbee-Scheiben und eine Baseballkappe von der University of Chicago neben einem Schneemann in schönster Harmonie von einem niedrigen Ast. Meine Freunde haben Wort gehalten. Auf dem leeren Schreibtischstuhl in der Ecke stapeln sich lauter Sachen, die den Jungs nicht passen, immer noch mit den Etiketten dran, damit man sie zurückgeben kann. Unsere drei Matratzen auf dem Fußboden sind mit Flanelllaken bezogen, und Decken liegen darauf. Über uns die nackte Glühbirne, die von der Zimmerdecke baumelt, ausgeschaltet. Das Leuchten des Fernsehers wärmt unsere Gesichter.

Wir beginnen unseren Weihnachtsfilm- und Süßigkeiten-Marathon mit *Ist das Leben nicht schön?* mit Jimmy Stewart, während wir den riesigen Schokoladen-Nikolaus im Kreis herumgehen lassen wie eine Bong im College. Jeder beißt hinein. Er ist jetzt kopflos und hohl. Ich bin immer noch sehr angeschlagen und weine bei jeder Gelegenheit, von der iPhone-Werbung über *Friends*, als sich Rachel und Ross küssen, bis zu dem Bild eines alten Mannes und einer alten Frau, die Hand in Hand spazieren gehen. Ich weine, weil ich weiß, dass ich das nie erleben werde. Wenn ich ein junges Paar sehe, das zusammen lacht, kommen mir die Tränen, weil diese Zeit in meinem Leben vorüber ist. Ich bin überzeugt, ich werde eine

Million Tränen vergießen müssen, bis ich wieder glücklich sein kann.

Auf Jimmy Stewart folgt *Tatsächlich ... Liebe*. Der Film dehydriert mich praktisch. In der Zwischenzeit haben sich die Jungs einen Notizblock beschafft, auf dem sie ankreuzen, wie oft ich weine. Sie sind jetzt bei elf Mal.

Ich erkläre den beiden, dass ich oft heulen werde, aber dass ich mich dann besser fühle und sie sich keine Sorgen zu machen brauchen.

Jahre später hat mir Henry gestanden, dass er den Augenblick, als er mit Sam vom Spielplatz kam und mich schluchzend auf dem Boden vorfand, als einen der beängstigendsten in seinem Leben empfunden hat.

«Die präfrontale Hirnrinde ist zuständig für unsere Urteilsfindung», erzählt mir ein Mann auf einer Silvesterparty, der sich als Neurologe entpuppt.

Hat ihn jemand dafür bezahlt, mir das zu sagen? Sind meine Freunde so weit gegangen? Der Gedanke kommt mir tatsächlich in den Sinn, aber nur für einen Moment. Wenig später erzähle ich ihm die Geschichte von Theo und mir. Ich habe das Gespür dafür verloren, wann es angebracht ist, etwas Privates zu erzählen, und wem man was anvertrauen kann. (Notiz an mich selbst: Lass deine präfrontale Hirnrinde untersuchen.) Es sollte eine nette Silvesterparty mit Feuerwerk und Fondue werden. Und jetzt habe ich diesen armen Mann festgenagelt, und selbstverständlich weine ich auch noch. Wir trinken Champagner, und ich erzähle ihm von Theo, seinem ALS, seinen Affären, seiner Exfreundin, dass er ausgezogen und immer diese eine Frage da ist – warum? An dem Tag, an dem Theo auszog, habe ich ihm gesagt, er schulde mir eine Erklärung für sein Verhalten, selbst wenn er eine Woche zum Tippen brauche. Er hatte zu diesem Zeitpunkt schon Probleme, seine Finger zu bewegen.

«Es wird eine Menge Forschung darüber betrieben, ob sich bei Patienten mit ALS die präfrontale Hirnrinde verändert», erklärt der Neurologe.

«Warum habe ich noch nie davon gehört? Warum hat mir das keiner der Ärzte gesagt?», wundere ich mich.

«Der präfrontale Kortex trifft die Entscheidungen, was als gut oder böse betrachtet wird, bedenkt die künftigen Konsequenzen unseres Handelns, trifft Voraussagen darüber, was wohl geschehen wird ...»

Und während der Neurologe weiter über Frontallappen und deren Dicke doziert, schweife ich in Gedanken ab. Könnte dies die Antwort auf meine Frage nach dem Warum sein?

«Warum» ist das Modewort beim Training von Führungskräften. Die Suche nach dem Grund, dem Zweck, dem Ziel. Warum tun wir das, was wir tun? Aber spielt es letztlich eine Rolle? Oh ja. Theos Betrug tut immer noch weh, er fühlt sich noch sehr real an.

In der Nacht nach der Silvesterparty träume ich von Theo. Wenn ich träume, bin ich ein schlichter Mensch. Ich sehe eine Banane. Ich träume von einer Banane. In meinem Traum besuche ich Theo und als ich in sein Zimmer trete, sitzt er da, gesund. Ich bin überrascht, schockiert, und dann beginnt er mit mir zu sprechen. Ich kann es nicht glauben. Er sitzt aufrecht da und redet mit mir.

Und ich sage zu ihm: Das muss ich aufnehmen. Niemand wird mir das glauben. Ich habe so viele Fragen an dich.

Ich hole mein Handy raus, aber es gestattet mir nicht ihn zu filmen. Es sagt andauernd: nicht genug Speicherplatz.

Ich habe so viele Fragen, wiederhole ich.

Plötzlich kommt mir der Gedanke, wenn Theo wieder gesund ist, heißt das, dass er wieder bei uns einzieht und wir da weitermachen, wo wir aufgehört haben? Will ich das überhaupt? Ich bin mir nicht sicher.

Ich greife nach meinem Handy, um ihn zu filmen, aber es sagt wieder: nicht genug Speicherplatz.

Ich muss dich das fragen, sage ich, warum ist all dies geschehen? Warum?

Ich versuche, etwas auf meinem Handy zu löschen, damit ich mehr Speicherplatz habe.

Ich blicke zu der Pflegerin, die plötzlich da ist. Wissen Sie, rufe ich aufgeregt, ich muss ihn filmen, ich liebe ihn, wir sind uns sehr, sehr nah.

Doch die Frau antwortet nur: Also, da habe ich aber etwas anderes gehört.

Ich wache auf.

14. KAPITEL

Du schaffst das. Du schaffst das.

Ich sitze im Speisewagen auf der einstündigen Fahrt von Nürnberg nach München. Es gibt nicht genug freie Tische, und so lande ich an einem Tisch zusammen mit einem Mann und einer älteren Frau, die den Platz schräg gegenüber eingenommen hat. Sie benutzt gleich das informelle «Du», als sie auf meine Frage antwortet, ob der eine Sitz noch frei sei. Das und die Art, wie sie mich anblickt, lassen mich vermuten, dass sie keine Deutsche ist.

Sie ist klein und lächelt mich sofort an, als ich mich hinsetze und mich einrichte.

Ich fühle mich gerade besonders am Boden. Ich bin geschäftlich unterwegs, und solange ich arbeite, mich beschäftige, kann ich vergessen, aber sobald ich stillsitze, gerate ich sofort wieder ins Grübeln.

Ich beginne ein Gespräch. «Wo kommst du her?»

Sie stammt aus Amsterdam. Ihre erwachsenen Kinder leben in München, und deshalb fährt sie auf Besuch dorthin. Wir plaudern entspannt, als würden wir zusammen reisen.

Ziemlich am Anfang unseres Gesprächs sagt sie etwas, das mich innehalten lässt. Ihre Kinder seien in ihren Zwanzigern, aber ihr Vater sei gestorben, als sie noch klein waren. Ich rechne schnell nach und gelange zu dem Schluss, dass ihre Kinder zu jenem Zeitpunkt so alt gewesen sein müssen wie Henry und Sam jetzt.

Als wäre es das Normalste auf der Welt, frage ich sie: «Und wie war das für deine Kinder?»

Das Gespräch nimmt eine sehr persönliche Wendung.

«Ja, es war eine seltsame Situation, weil mein Mann Krebs hatte und anfing, Affären zu haben», fährt die Frau mit ihrer fröhlichen, aber nüchternen Stimme fort.

Kann das sein? Hat sie wirklich genau das erlebt, was ich erlebt habe? Ja, das passiert wirklich gerade.

«Es machte meine Beziehung zu ihm schwierig, weil er sich in eine andere Frau verliebt hatte», sagt sie.

Ich kann mich nicht zurückhalten. «Entschuldigung, darf ich dir erzählen, was im Moment bei mir los ist?»

Und dann erzähle ich ihr meine Geschichte, berichte von Theo, seiner Krankheit, seinen Liebschaften, wie er seine Familie und Freunde gegen mich aufgebracht hat, die Erniedrigung, dass er jemanden anderes liebt, und ich beginne zu weinen und das nicht still und leise.

Ich habe keine Ahnung, was mit dem Mann ist, der neben mir sitzt. Ist er sitzen geblieben oder aufgestanden und gegangen? Ich kann mich nicht mehr an ihn erinnern.

Ich weiß bloß, dass viele Männer in Geschäftsanzügen aus dem Zug steigen, als wir in München eintreffen, und dass die Frau mich umarmt.

Diese kleine, zierliche Frau packt mich fest am Oberarm und flüstert mir wieder und wieder ins Ohr: «Du schaffst das, du schaffst das.»

Doch als ich mich umdrehe, um auszusteigen, ist sie schon fort.

Ich habe eine Freundin, die Brustkrebs überlebt hat. Sie hat mir erzählt, dass man danach eine andere Verbindung zu seinen Mitmenschen hat. Es ist wie der Händedruck der Freimaurer, man erkennt etwas im Blick seines Gegenübers, das ausdrückt, dass er tief ins Dunkel gesehen und es auf die andere Seite geschafft hat. Darin liegt Hoffnung für mich. All die Heiler, die wir getroffen hatten, waren gekommen, um Theos Leben zu retten, aber jetzt bin ich zum ersten Mal jemandem begegnet, der mein Leben retten will.

Forgiveness is me giving up my right
for me to hurt you for hurting me.
Forgiveness is the final act of love.
And if that is good enough for Beyoncé,
it is good enough for me.
I mean c'mon it's Beyoncé.

15. KAPITEL

Verzeihen

Geh die Dinge langsam an», hat Space-Clearing-Anja mir geraten.

Einer New Yorkerin, die ebenso schnell läuft, wie sie redet, ist Langsamkeit fremd. Ich bin es gewohnt, mich mit einer gewissen Geschwindigkeit durch schwierige Zeiten zu manövrieren, aber jeder Versuch, mich zu beschleunigen, schlägt inzwischen ins Gegenteil um. Ich verpasse Anschlussflüge, gerate mit Busfahrern in Streit, bin zu Abendessen eingeladen und sitze am Ende heulend am Tisch. Ich muss mich wieder aufbauen, und ich bemühe mich wirklich. Ich versuche jeden Tag laufen zu gehen. Ich versuche zu trauern. Mich in meine Arbeit zu stürzen. Den ganzen Tag im Pyjama im Bett zu bleiben. Ich esse ein Blech selbstgebackener Brownies leer. Ich versuche Green Smoothies zu trinken und dann Gin direkt aus der Flasche, bis ich kollabiere. Meinen Schlafrhythmus meinem Biorhythmus anzupassen. Ich lese, ich rede, ich esse, liebe und bete, und dann wache ich eines Tages, an einem normalen Wochentag, einem Dienstag, auf und bin nicht mehr traurig.

Der Podcast, den ich auswähle, handelt von Diana Nyad, die von Havanna nach Key West schwamm. Am nächsten Tag höre ich einen über eine junge Frau, die ihre Beine verlor, sich aber Prothesen anfertigen ließ, um wieder zu snowboarden.

«Betrachten Sie solche Herausforderungen nicht als etwas, das Sie aufhalten kann, sondern als Segnungen, weiter zu gehen, als Sie es sich je vorgestellt haben», höre ich sie in meinen Kopfhörern flüstern.

Dann folge ich dreizehn Tage lang der packenden Geschichte der thailändischen Jungen, die in einer Höhle festsitzen. Es ist das Erste, wonach ich am Morgen suche, und das Letzte, was ich in Erfahrung bringe, bevor ich schlafen gehe. Und wie der Rest der Welt stoße ich einen Seufzer der Erleichterung aus und jubele, als sie gerettet werden. Es ist ein Wunder, sagt man. Ah, das Licht am Ende des Tunnels. Jetzt sehe ich es.

Es ist, als hätte man vom Schwimmen noch Wasser in den Ohren, und plötzlich – plopp – fließt das Wasser heraus, und man kann wieder viel besser, viel klarer hören. Genauso fühle ich mich. Ich bin es, die alle Punkte miteinander verbindet, und ich kann entscheiden, welches Bild daraus entsteht.

Ich lasse Badewasser einlaufen. Baden ist langsam. Duschen ist schnell. Ich lege mein Handy neben die Wanne und höre mir einen Podcast von Dr. Ira Byock, einer der führenden Ärzte in der Hospiz- und Palliativpflege, an. Er spricht darüber, wie man sich von Sterbenden verabschiedet. Er erklärt, es sei am schwierigsten, sich von Menschen zu verabschieden, mit denen man eine komplizierte Beziehung hatte.

Beiläufig meint er: «Also, ich sage den Leuten jedes Mal, die zehn Worte, die immer funktionieren, sind: Bitte verzeih mir, ich verzeihe dir. Danke. Ich liebe dich.»

Ich setze mich im Bad mit einem solchen Ruck auf, dass das Handy beinahe ins Wasser fällt. Ich trockne meine Hand am Handtuch ab und drücke die Pausentaste auf dem Handy. Dies sind die zehn Wörter, die mich befreien werden.

Das «danke» – ich weiß, dass ich das kann.

«Ich liebe dich» – schon schwieriger – liebe ich ihn noch? Ich weiß es nicht. Früher habe ich Theo geliebt, doch in der Quantenphysik heißt es, so etwas wie Vergangenheit oder Zukunft gibt es nicht.

Aber «bitte verzeih mir» – wofür? Ich habe nicht alles richtig gemacht, aber ich habe gewiss nicht absichtlich etwas Falsches getan.

Und «ich verzeihe dir» – ganz sicher nicht.

Als Schwangere sieht man plötzlich nur noch schwangere Frauen? So ergeht es mir auch: Wo immer ich bin, lese ich plötzlich das Wort «Verzeihung». Ich lese es auf Deutsch und auf Englisch, auf Postern, in Anzeigen, in Büchern, auf Motivationskalendern, ich höre es in den Songs im Radio. Auf einmal ist es, als würde ich einen Geheimcode verstehen. Ich möchte ehrlich sein und nicht etwas sagen, das ich nicht empfinde, aber gleichzeitig habe ich Angst, dass Theo stirbt, bevor ich es auch nur versucht habe.

Eines Tages höre ich, wie eine Frau in einem Interview über das Gebet spricht. Sie sagt, das Gebet ist nicht dasselbe wie beten. Zu beten versuchen heißt tatsächlich beten. Und ich denke, vielleicht ist es dasselbe mit Verzeihen. Ich kann versuchen zu verzeihen. Ich weiß, dass ich das kann.

Dann kommt der entscheidende Tag. Ein sintflutartiger Regen geht über der Stadt nieder, der Berliner Himmel öffnet seine Schleusen, und zweihundert Liter Wasser pro Quadratmeter fallen, was alle Rekorde seit Beginn der Wetteraufzeichnungen bricht. Es regnet und regnet und regnet wie in dem Johnny-Cash-Song *The Man Who Couldn't Cry*. Der Flughafen wird geschlossen, und die Leute drehen YouTube-Videos von Einwohnern, die in den Straßen von Berlin schwimmen. An jenem Tag ruiniere ich mir ein Paar meiner besten Sandalen.

Als ich die Klingel unten an Theos Haus drücke, öffnen sich automatisch die Türen, die erste und dann die zweite, als würde jemand in einer Tarnkappe einen willkommen heißen. Es ist nicht das erste Mal, dass ich Theo besuche, aber es fühlt sich an diesem Tag anders an. Theo lebt im ersten Stock eines Wohnhauses für Menschen mit Behinderungen und Familien mit geringem Einkommen. Im Fahrstuhl riecht es ein wenig nach Körpergeruch und Bier.

Während mein nasses Haar mir am Gesicht klebt und Wasser von meiner Haut tropft, überschreite ich die Schwelle zur Wohnung meines Mannes, um ihm zu verzeihen.

Die Tür ist angelehnt. Die Pfleger, mal ist es ein Mann, mal eine Frau, sind normalerweise mit irgendetwas beschäftigt, und so nimmt mich niemand in Empfang. In der Luft liegt ein leichter Schweißgeruch. Ich betrete die Wohnung, rufe «hallo» und gehe ins Badezimmer, um mir die Hände zu waschen. Zwischen Dusche und Toilette ist ein zusammengefalteter Rollstuhl gequetscht. Es ist einer mit Kopfteil und schwenkbaren Fußstützen. Das Toilettenpapier hängt an einem der Griffe. Es ist besonders weich und blau, nicht die Sorte, die wir jemals gekauft hätten. Neben dem Waschbecken befinden sich auf weißen Papierservietten kleine Inseln persönlicher Hygieneartikel. Wie die Kategorien in *Jeopardy*. Zahnbürste, Zungenbürste, Zahnpasta, Mundwasser. Haarbürste, Kamm, Rasierer. Nagel-Clipper, Schere, Feile, Handcreme. Das Head-and-Shoulders-Shampoo steht allein da. Die Waschmaschine läuft. Ich blicke in den Spiegel, in den Theo nie blicken wird. Ich bin so weit.

Ich begebe mich in sein Zimmer. Der Fernseher läuft. Er läuft immer, und immer ein bisschen zu laut. Das Gerät steht mitten im Raum wie ein Altar. Ein großer Bildschirm, hochauflösend, auf dem selbst die seriösen deutschen Nachrichten wie eine Telenovela aus Kuba wirken. Auf dem Tisch neben dem Fernseher liegen ein paar Karten. Entweder Weihnachtskarten, Osterkarten oder Geburtstagkarten, je nach Jahreszeit. An Weihnachten wird eine richtige Kerze angezündet. An Ostern starrt ein Schokoladenhase in bunter Alu-Folie Theo an. Stelle ich den Fernseher leiser? Nein, oder? Vielleicht sollte ich den Fernseher ausschalten? Im Grunde möchte ich das verdammte Fenster öffnen. Ganz gleich, welche Jahreszeit herrscht – die Luft hängt schwer im Zimmer wie eine Wolke voller Krankheit.

Nachdem ich Theo kurz hallo gesagt habe, trete ich zum Fenster in der Ecke und öffne es, um frische Luft einzulassen. Der Regen ist mir egal.

Theos Zimmer ist geräumig, mit einer hohen Decke und Bodendielen. Das Haus liegt bloß einen Block von unserer einstigen gemeinsamen Wohnung entfernt, gegenüber vom Hans-Rosenthal-Bad, dort, wo Sam schwimmen gelernt hat.

Ich stelle mich neben Theo. Weil das Krankenhausbett hochgestellt ist und er seinen Kopf nicht drehen kann, muss ich stehen und ihn ansehen. Ich stelle fest, dass Theo mich erkennt, obwohl er jetzt nur noch sein rechtes Auge und die Augenbraue bewegen kann, rauf und runter, wodurch er eine Symphonie von Bedeutungen vermittelt. Oh, wie ich diese Augenbraue liebe, pelzig wie eine ausgesetzte Raupe, aus der nie ein Schmetterling werden wird. Sein linkes Auge ist nun permanent geschlossen. Ich bin nicht sicher, wo ich hingucken soll, als wäre es irgendwie unfair, all meine Aufmerksamkeit nur seinem rechten Auge zu widmen.

Theo trägt immer noch die coole Nerd-Brille, die ich von früher kenne. Nur klebt jetzt ein weißes Klebeband auf dem Nasenrücken, damit sie nicht herunterrutscht. Er hat zugenommen, aber weil es bloß durch Flüssignahrung geschehen ist und ohne Beitrag der Muskeln, verteilt sich sein Gewicht so seltsam an seinem Körper wie Wackelpudding. Die Pflegerin kommt ins Zimmer. Sie nimmt Theos Kopf fest in beide Hände, hebt ihn an und legt ihn so hin, dass er nicht zur Seite kippt. Theos Mund steht offen, was ihm einen überraschten Gesichtsausdruck verleiht. Seine Arme liegen schlaff an den Seiten. In seine Fäuste sind Waschlappen gestopft, um Krämpfe zu vermeiden und zu verhindern, dass sich die Fingernägel in die Haut bohren. Es sind lockere Fäuste, wie wenn man sich am Gestänge des Riesenrads festhalten würde. Nicht verkrampft, als säße man in der Achterbahn. Früher hatte Theo wunderschöne Hände.

Ich blicke in sein eines Auge, und ich versuche es jetzt.

«Bitte verzeih mir.» Ich sage es nicht, weil ich glaube, dass er mir irgendetwas zu verzeihen hätte, sondern weil ich mich befreien will.

«Es tut mir leid, dass ich nicht der Mensch sein konnte, den du damals gebraucht hast.» Aus seinem Auge fällt eine Träne und läuft in eine Hautfalte an seinem Hals.

«Ich verzeihe dir», fahre ich fort. «Ich weiß, dass du mich oder die Kinder niemals verletzen wolltest. Du hast es dennoch getan, aber ich kann nicht glauben, dass es deine Absicht war.» Ich streichele seine steifen Arme. Jetzt weine ich auch.

«Du hast mir Sam geschenkt, du hast mir geholfen, Henry großzuziehen. Zu Hause sprechen wir über dich, wir haben überall Fotos von dir hängen. Es vergeht kein Tag, ohne dass wir von dir erzählen. Ich danke dir.»

Sein Gesicht verzerrt sich, und Tränen fließen, aber es dringt kein Laut über seine Lippen.

Ich öffne seine Hand, in der ein Waschlappen klemmt, und lege sie in meine. Sein Hand ist flach und papierdünn. Theo liegt da, und ein Auge ist offen.

Und dann sehe ich, in schnellen Schnitten, wie in einem MTV-Musik-Clip aus den neunziger Jahren, unser vergangenes, gemeinsames Leben vor mir, und auch das zukünftige, das wir nie haben werden.

Theo, der Gitarre spielt, ein Fuß auf der Matratze. Er singt: «Bum da jah da, Bum da jah da, I love the whole world, it's such a brilliant place», während Henry und Sam auf unserem Bett auf und ab hüpfen. Ich sehe ihn, wie er Sam als Baby auf dem Arm trägt und ihn in die Luft wirft; wie er mit Henry Lego spielt. Ich sehe ihn beim Schwertkämpfen, einen Schrei vortäuschen, wie er Sam auf dem Fahrrad zur Kita bringt, tropfnass aus der Wasserrutsche eines Vergnügungsparks auftaucht. Wie er mich beim Tanzen herumwirbelt. Ich sehe ihn. Er ist alt, und wir gehen Hand in Hand. Dann sind wir in Barcelona und trinken Rotwein. Theo nimmt mir den Vespa-Helm ab, umfasst mein Gesicht und küsst mich. Mit langen, langsamen Küssen. Ich sehe ihn.

«Ich liebe dich», sage ich und blicke ihm in das eine Auge, dann drehe ich mich um und verlasse das Zimmer.

Ich trete nach draußen vor die Tür. Der Regen hat aufgehört. Die Luft riecht sauber und rein. Leute laufen an mir vorbei. Ich überquere die Straße und gehe immer weiter.

NACHSAISON

In Ice Age 3 befragen Crash und Eddie, die beiden Opossums, Buck, das einäugige Wiesel und Dinosaurier-Jäger, über seine erste quälende Begegnung mit Rudy: «Und bist du getötet worden?»
«Leider ja ... aber dann habe ich doch weitergelebt», antwortet Buck.

10:28

Sosehr man sich darüber klar ist, was auf einen zukommt, so vorbereitet man auch sein mag, man wird doch kalt erwischt.

«Steig von deinem hohen Ross herunter», scheint mir das Schicksal mit einem hämischen Lachen sagen zu wollen. «Mich kann man nicht planen.»

Und so ist es auch mit Theo. An jenem Morgen, als ich gerade auf Geschäftsreise und nicht in Berlin bin, trifft eine SMS von seiner Schwester ein. Theo wurde wegen eines Darmverschlusses auf die Intensivstation gebracht. Nach so vielen Jahren und Aufenthalten in der Notaufnahme wird er jetzt sterben. Der Gedanke dauert nur einen Moment, dann vergeht er wie ein Flüstern.

Ich konzentriere mich auf meine Arbeit, darauf, Ideen zu entwickeln, zuzuhören, gute Fragen zu stellen, das Leben so weiterzuführen, wie es vorher war. Auf der Zugfahrt nach Hause setze ich meine Noise-Cancelling-Kopfhörer auf und höre mir einen Podcast über *Coco – Lebendiger als das Leben!* an, den Pixar-Animationsfilm. Er ist vom mexikanischen Tag der Toten inspiriert und handelt von der Erinnerung an die Verstorbenen. Später stellt sich heraus, dass Sam denselben Film eine Woche zuvor gesehen hat, und Henry gemeinsam mit seiner Freundin einen

Tag nach ihm. Das Universum wählt unsere Filme aus. Das ahne ich noch nicht, während ich hier sitze und schaue und draußen deutsche Kleinstädte voller Leben an mir vorbeiziehen.

Kurz bevor der Zug in Berlin hält, ich warte darauf, dass der grüne Knopf am Ausstieg aufleuchtet und sich die Türen öffnen, trifft die nächste SMS der Schwester ein.

Theo wird es nicht schaffen. Er hat nicht mehr viel Zeit, und du und die Kinder solltet jetzt zu ihm, wenn ihr euch noch verabschieden wollt.

Oh Gott, es ist so weit.

Noch im Zug beginne ich zu weinen. Die Türen scheinen diesmal besonders lange zu brauchen, um sich zu öffnen.

«*Dräng* mich nicht. Ich nehme mir so viel Zeit, wie ich brauche», zischt mich das Schicksal an, während ich die Rolltreppe hochrenne und Henry anrufe. Er ist bei seiner Freundin, sie wollen ihr zweijähriges Beziehungs-Jubiläum feiern. Ach, junge Liebe, makellos und wunderschön.

Anfangs geht er nicht ran. Ich versuche es bei seiner Freundin. Sie meldet sich auch nicht. Ich schreibe eine SMS. Ich weine. «Geh ran. Es ist sehr wichtig.»

«Henry, hör zu», sage ich, als er endlich doch abnimmt.

«Was ist los?»

«Theo liegt im Sterben, und du musst jetzt gleich ins Krankenhaus, um dich zu verabschieden.»

Und dann die Taxifahrt nach Hause. Ich rufe meine beste Freundin an und hyperventiliere. Wie soll ich es bloß Sam erzählen?, frage ich mich. Was soll ich sagen? Es kommt mir vor, als hätte ich minutenlang nicht mehr geatmet. Der Taxifahrer, der den Blick auf die Straße gerichtet hält, sieht mich erst am Schluss an, als ich bezahle.

«Ich kenne Sie nicht, aber es tut mir sehr leid.»

Ich merke, dass er es ernst meint.

Kaum bin ich in der Wohnung, um Sam zu benachrichtigen, wird mir bewusst, dass ich wieder einmal die Sichel in der Hand halte, die ihm einen weiteren Teil seiner glücklichen Kindheit wegschneiden wird. Dada ist krank. SLASH Dada hat Affären. SLASH Und jetzt liegt Dada im Sterben. THWACK

«Sam.»

Er hat mir später erzählt, dass er es in dem Moment wusste, in dem er hörte, wie ich seinen Namen sagte.

«Sam, hör mal. Es geht um Dada.»

Bevor ich noch zu Ende sprechen kann, fange ich schon an zu weinen. Jetzt hat er Gewissheit.

«Wir müssen los und uns verabschieden.»

«Oh nein. Oh nein. Nein, nein, nein.» Sam schluchzt verzweifelt auf. So habe ich ihn noch nie erlebt.

Ich hole Reese's Schokolade, weil ich mal gelesen habe, dass Zucker bei einem Schock hilft. Ich sage ihm, dass er ein Stück von der Schokolade abbeißen soll. Sam kaut und weint und kaut und weint, während ihm der Schokosabber aus dem Mund tropft.

Als wir das Krankenhaus erreichen, nehmen wir aus Versehen die falsche Treppe und landen draußen vor der Pränatal-Station. Wir fragen eine Krankenschwester in blauer Klinikbekleidung und mit Mundschutz, welcher Fahrstuhl zur Intensivstation führt. Wir müssen linker Hand bis ans Ende des Ganges, dann noch einen weiteren Korridor hinunter, dann dort in den Fahrstuhl zur Intensivstation 35.

Wir betreten Theos Krankenzimmer. Er liegt bewusstlos da. Überall sind Schläuche, in seiner Nase, auf der Brust. Beutel mit Urin und Kot hängen von der Bettseite wie Gürteltaschen.

Messgeräte und Monitore überall. Henry kommt einige Minuten später.

Wir drei versammeln uns neben dem Bett und teilen uns die beiden vorhandenen Stühle. Aber ich weiß nicht, was ich jetzt tun soll. Es ist, als hätte ich für ein Theaterstück geprobt, aber im entscheidenden Moment den Text vergessen.

«Lasst uns über die schönen Zeiten sprechen, die wir zusammen erlebt haben.»

Ich habe Geschichten davon gehört, dass Bewusstlose immer noch wahrnehmen, was um sie herum geschieht. Wir fangen an, zu erzählen, an was wir uns erinnern.

«Weißt du noch, wie wir unseren ersten James-Bond-Film gesehen haben?», sagt Henry.

«Oder wie du in der ersten Klasse in die Schule gekommen bist und Zaubertricks vorgeführt hast?», sagt Sam.

Mein Kopf ist leer. Ich kann mich an nichts mehr erinnern, außer an unsere Urlaube an der Ostsee. Wir hatten ein altes, früheres DDR-Hotel und Erholungsheim entdeckt, das eindeutig schon bessere Tage erlebt hatte. Nach dem Mauerfall war es jedoch renoviert worden und hatte «moderne» Zimmer erhalten. Das Hotel wurde als perfektes Familienhotel beworben. Und genau das war es auch. Wir haben es geliebt, dort hinzufahren. Es gab ein Schwimmbad mit einer Rutsche und unzählige Freizeitaktivitäten für die Kinder. Theo und ich konnten Gin Tonic an der Bar trinken, während die Jungs herumrannten und Autoscooter fuhren.

«Honey, erinnerst du dich, wie wir alle zusammen die *Simpsons* im Hotelzimmer geguckt haben? Und wie du mit Sam die Rutsche heruntergesaust bist? Oder wie wir am Strand entlangspaziert sind, um Zimtschnecken zu kaufen?»

Es muss noch viel mehr Erinnerungen dieser Art geben, aber mir fällt nichts ein. Wir sitzen da, in wechselnder Besetzung.

Henry und Sam, Henry und ich, Sam und ich. Und nachdem wir eine Weile dort gesessen haben, sind unsere Tränen versiegt und unsere Erinnerungen auch.

Sam sagt: «Ich glaube, wir sollten jetzt Abschied nehmen und nach Hause fahren.»

Wir folgen seiner Anregung und verabschieden uns einzeln.

Ich berühre Theos Hand. Sie fühlt sich bereits kalt an. Sein Blutdruck sinkt zügig. Der Arzt hat uns erklärt, dass dies sich fortsetzen werde und dass, sobald er Morphium erhalte, der Blutdruck noch weiter sinken werde, bis Theo stirbt. Meine Blicke sind auf die Zahlen gerichtet.

«Du kannst jetzt loslassen. Das kannst du. Du hast genug durchgemacht. Wir werden schon zurechtkommen», sage ich, küsse ihn auf die Stirn und gehe hinaus.

Henry tritt als Nächster ins Zimmer, während ich mit Sam auf dem Flur warte. Er weint in einer noch tieferen Tonlage. Als Henry wieder herauskommt, sind seine Augen gerötet, und er hält seine Brille in der Hand.

Sam, dreizehn Jahre alt, mit langen Haaren und langen Beinen, in Jeansjacke und Jeans, beugt sich über Theos Brust und sagt: «Auf Wiedersehen, Dada.»

Wir fahren nach Hause, wir schlafen alle in einem Bett. Als wir am nächsten Tag aufwachen, erfahren wir, dass Theo noch lebt, aber wir wissen, dass sein Tod unausweichlich ist. Es muss ein besseres Wort als «warten» geben. Man wartet auf einen Bus oder einen Burger. Wenn ich bloß aus Thailand käme und seit Generationen mit Ritualen des Abschieds vertraut wäre, aber ich bin ratlos. Wir fangen an, Fotos von Theo aufzuhängen – schöne Fotos. Er wirkt so jung auf den Bildern. Schließlich finde ich unser Hochzeitsfoto, eine Schwarzweißaufnahme von uns am Strand – wann war das? Mein Gott, wir sehen wirklich gut aus. Und hier: Baby Sam auf Theos Schoß, Henry auf Theos Schoß im Zug, wir vier zusammen. Die Jungs und ich verlassen die Wohnung. Draußen ist ein sonniger Tag, wir sind unter den Lebenden. Wir kaufen Blumen und Kerzen, sammeln Steine zusammen von gemeinsamen Urlauben und dekorieren sie auf einem kleinen Tisch. Als wir fertig sind, trifft die Nachricht ein.

«Er ist gestorben. Theo ist tot und ist nun an einem besseren Ort.»

Es ist 10:28 Uhr.

In den folgenden Tagen und Wochen erlebe ich eine emotionale Achterbahnfahrt, mal fühle ich mich gut, mal so traurig, dass alle Worte und sogar Tränen erbärmlich wirken. Aber hauptsächlich möchte ich schlafen. Nur im Schlaf gelingt es mir, durch die Spalten meiner Erinnerungen zu schlüpfen, alterslos und zeitlos. Ich treffe Theo wieder. Ich bin wieder ein Kind. Ich bin mit meinen Eltern zusammen. Wir gehen spazieren. Dann bin ich mit den Kindern und Theo und meinen Großeltern beisammen und jener Dame mit roten Fingernägeln aus der U-Bahn in New York, die mir einen Streifen Kaugummi geschenkt hat. Irgendwann wache ich auf.

Wir drei beginnen, Unmengen zu backen. Schokoladenkekse, Kuchen, Theos Lieblingsquiche. Sich an die Rezepte zu halten, die Zutaten zu kaufen, zu mixen und den Teig zu kneten, scheint jetzt genau das Richtige zu sein.

Und dann folgt alles, was man vom Ritual der Trauer kennt: Die Wohnung ausräumen, die Gedenkfeier, die Beerdigung, ich sehe seine Freunde, seine Familie, Mimi Lu – und nein, wir liegen uns nicht in den Armen und singen *Kumbaya, My Lord*. Wir sind in unserem Schmerz vereint, wir bemühen uns, einige besser, einige schlechter, andere scheinbar mühelos. Mehr können wir nicht tun.

Einmal, als der Winter noch ein Winter war, vor dem Klimawandel (bitte, Greta, rette uns), sind wir über den Schlachtensee spaziert. Sam, Henry, Theo und ich. Theo mit seinen Fäustlingen – mittens –, er liebte das englische Wort für Fäustlinge: «Ich will dich mit meinen mittens anfassen.» Wir gingen oder vielmehr schlitterten über den See und hielten uns aneinander fest, waren fröhlich angesichts dieses magischen Aktes, übers Wasser laufen zu können. Wischte man den Schnee beiseite, kam die klare, schöne Eisfläche zum Vorschein und darunter gefrorene Luftblasen – noch in Bewegung, auf dem Weg, sich in etwas anderes zu verwandeln oder vielleicht auch nur stecken geblieben. Wir würden es nie erfahren, denn genau in diesem Moment waren sie eingefroren.

Danksagung

Ich danke meinen Eltern, dass sie immer für mich da waren. Danke an meine Freunde: Ihr habt mich immer wieder aufgebaut, habt mich gerettet. Ihr findet euch auf jeder Seite dieses Buches wieder.

Mein besonderer Dank gilt Ulrike Beck und ihrem Team bei Rowohlt. Ihr wart immer für mich da.

Marcel Hartges, mein wundervoller Agent, danke, dass du an mich glaubst.

Sabine Scholl, Thelma Adams, Brian Selznick, Biz Mitchell, Holger Kuntze, Marcia B. Loughran, Vicki Satlow und Daniel Steinmetz – danke für eure wertvollen Ratschläge, euer geduldiges Gegenlesen, euer Mutmachen und eure Großzügigkeit.

Und natürlich danke, Henry und Sam. Mein Leben mit euch zu teilen, ist meine größte Freude.

Inhalt